$L m^{2} \int 8$

PROJET
DU NOBILIAIRE
DE LA
HAUTE-GUIENNE,
PAR M. LAVAISSIERE,

*Prêtre, Prieur d'Escamps au Diocese
de Caors.*

L'un a dételé le matin,
L'autre l'après dinée ,   COULANGE.

A VILLEFRANCHE DE HAUTE-GUIENNE,
De l'Imprimerie de VEDEILHIÉ,
Imprimeur du Roi.

AVEC PERMISSION.

1784

AVERTISSEMENT.

DANS cet écrit qui n'est pas un Prospectus, comme on l'a cru d'abord, l'Auteur a voulu donner aux anciens Gentilshommes qui ne sont pas assez connus, & aux Gentilshommes pauvres qui n'ont pas de quoi se faire connoître, une idée de ce qu'il se propose de faire pour eux. Il est entré dans beaucoup de détails ; il a cité beaucoup d'exemples, parce qu'il a voulu que toute la Noblesse fût à même de le juger, & de se décider sur ce qu'elle peut attendre de lui.

PROJET
DU NOBILIAIRE
DE LA HAUTE-GUIENNE.

JE voudrois écrire l'hiftoire de la Nobleffe du Rouergue & du Querci. Les voyages que j'ai faits dans prefque toutes les Provinces du Royaume, la lecture des anciens titres dont je me fuis occupé pendant vingt ans, les notes que j'ai prifes dans une infinité de Chartriers publics & particuliers, le grand nombre de généalogies ds toute efpece que j'ai faites pour mes amis, l'agitation & la perplexité où j'ai vu les anciennes familles qui afpirent aux honneurs de la Cour, & fur-tout le plaifir que j'ai goûté plus d'une fois, d'être utile à des Gentilshommes pauvres, en les faifant connoître, en leur procurant des fecours, tout cela m'a fait concevoir le projet du Nobiliaire de la Haute-Guienne.

Cette Province eſt preſque la ſeule du Royaume qui n'ait pas le ſien ; & je puis atteſter qu'il n'en eſt aucune où, relativement à ſon étendue, il y ait plus de maiſons de l'ancienne Chevalerie (*a*).

Mais, me dira-t-on, pourquoi publier un Nobiliaire ? notre Nobleſſe n'eſt-elle pas aſſez fiere de ſa naiſſance ; & faut-il encore multiplier des monuments deſtinés à nourrir ſon orgueil ? Ne ſait-on pas d'ailleurs que tous ces Dictionnaires généalogiques, ſi communs de nos jours, ne ſont qu'une collection de fables où chaque famille nous apprend bien moins ce qu'elle eſt, que ce qu'elle voudroit être ?

Pour répondre à cette queſtion, & me mettre à l'abri du reproche, j'expoſerai dans le plus grand détail les différents objets que doit embraſſer cet Ouvrage, & la maniere dont je prétends l'exécuter.

Je veux publier un Nobiliaire pour concourir, autant qu'il eſt en moi, à la réunion de tous les cœurs, en apprenant aux Gentilshommes Quercinois & Rouergats, que le même ſang coule dans leurs veines ; que des alliances réciproques & la plupart ignorées, ont dès long-temps établi entr'eux une parenté dont ils ne fe doutent pas ; je veux apprendre à toute la France que la Haute - Guienne a beaucoup de Maifons dont les auteurs combattirent à *Bouvine*, à *Damiete*, à *la Maffoure* (*b*); & que, malgré les obftacles que fa Nobleffe eut à vaincre pour pénétrer jufqu'au féjour de nos Souverains (*c*), elle a réuni toutes les illuftrations dont la valeur & les talents peuvent rendre fufceptible la plus haute naiffance ; qu'elle a produit des Maifons Ducales , un grand nombre de Chevaliers des Ordres du Roi , des Maréchaux de France & autres grands Officiers de la Couronne , des Généraux de terre & de mer, des Cardinaux, des Souverains Pontifes (*d*), des Grand Maîtres de l'Ordre de Saint Jean de Jérufalem (*e*) , une infinité de Chevaliers du même Ordre , beaucoup de Templiers , une foule d'Ecuyers & Chevaliers Bannerets (*f*) , de Capitaines de Compagnies d'Ordonnance (*g*) , de Sé néchaux (*h*) , de Gouverneurs & Comman dants de Provinces , &c. Je veux faire connoître tous les Gentilshommes de la Haute - Guienne que leur naiffance rend fufceptibles des hon neurs de la Cour (*i*), afin que chacun d'eux , débarraffé à jamais du fouci qu'entraînent néceffairement des recherches toujours très-coûteu

fes & fouvent humiliantes (*k*) , foit préfenté
au public fous fes véritables couleurs, & puiffe
jouir du degré de confidération dû à l'ancienneté de fa naiffance & aux fervices de fes
ancêtres. Je veux publier un Nobiliaire pour pré-
parer des fecours à ceux qui , totalement dé-
pourvus de titres, ignorent leur origine , & ne
fauroient prouver leur état. Je veux affurer aux
anciens Actes une reffource contre les ravages
du temps , en les confignant dans un Ouvrage
que mon amour pour la vérité rendra cher à
ma Patrie. Je veux que des familles dont les
Chapitres nobles & l'Ordre de Malthe ont plus
d'une fois rétabli la fortune , puiffent s'affurer
qu'une alliance douteufe n'enlevera pas cette
reffource à leur poftérité ; & qui peut en effet
garantir à un Gentilhomme qui fe marie , la nobleffe des huit lignes que la nouvelle époufe
doit ajouter à fon arbre généalogique ? Si ces
lignes fe trouvent dans mon Livre , il pourra
les apprécier fans crainte d'erreur ; elles feront
pofitivement telles qu'il les y verra. Je veux ,
en publiant mes notes , revendiquer pour l'honneur de ma Province , beaucoup de maifons illuftres qui n'exiftent plus dans le Rouergue ni
dans le Querci , mais qui fe retrouveront dans

d'autres contrées (*l*). Je veux prouver leur émigration , les rappeller à leur berceau & les intéreffer au fort de ma Patrie. Je veux mettre fous les yeux des Gentilshommes de nos jours le tableau des vertus de leurs ancêtres , parce que ce tableau doit toujours être intéreffant pour les ames bien nées. Je veux que les différents rameaux d'une même famille féparés depuis plufieurs fiecles de leur tige commune , puiffent fe réunir à cette même tige , malgré la différence de leurs noms & de leurs armes , parce qu'il doit en réfulter plus d'union entr'eux , plus de vigilance fur leurs befoins refpectifs, & plus de concert dans tout ce qui pourra les intéreffer. Je veux enfin publier un Nobiliaire pour me mettre en état d'écrire un jour l'Hiftoire de ma Province. Quelques amis partageront alors mon travail. Occupés depuis plufieurs années de cet utile projet , ils peuvent me donner des fecours de toute efpece ; je crois d'ailleurs que l'Ouvrage fera facile, quand j'aurai rempli le plan de mon Nobiliaire tel que je l'ai conçu ; car je ne prétends pas , aride Nomenclateur , me borner à dire que Pierre fut fils de Jean & petit-fils d'Antoine. En rapprochant les faits épars dans les généalogies des Maifons les plus anciennes

& les plus confidérables, on aura plus de la moitié de l'Hiftoire que j'annonce. Mon Nobiliaire, en provoquant l'ouverture de tous les Chartriers, mettra fous mes yeux l'enfemble de tous les titres des deux Provinces; & c'eft dans cet immenfe dépot que je puiferai les connoiffances relatives aux divers objets dont je viens de faire l'énumération.

Que de Gentilshommes inutilement occupés depuis plufieurs années, d'une preuve de nobleffe qui doit les faire admettre dans les carroffes du Roi, trouveront dans mes notes ou dans les Archives de leur voifin, le feul acte qui manque à leur preuve! Que de faits ignorés ou défigurés par les Hiftoriens feront fauvés de l'oubli & rapportés dans la plus exacte vérité! Que de monuments feront élevés à la gloire des anciennes maifons par la publication de ces faits! On me permettra d'en citer un exemple pour donner une idée des difcuffions où je me propofe d'entrer, quand elles pourront jetter quelque luftre fur les maifons dont j'écrirai l'hiftoire.

La feule maifon de *Vezins* en Querci nous fournira foixante-dix lettres de Rois très-inftructives, relativement à l'état où fut la Province

de Querci fous le regne des trois fils d'*Henri II*;
& nous trouverons fur-tout dans quelques-unes
de ces lettres, des lumieres fur un fait intéreffant
pour *la ville de Caors*. On fait qu'*Henri IV* n'a rien
de plus glorieux dans fon hiftoire que la prife
de cette Ville, dont il fit fauter les portes pendant la nuit au mois de Mai 1580. Jamais, de
fon aveu même, tant de dangers à la fois ne furent réunis fur fa tête; & perfonne n'ignore
la généreufe réponfe qu'il fit à fes Officiers qui
le preffoient de fe retirer après *cinq jours & cinq
nuits de combats fans repos & fans fuccès* (m).

Une fi vigoureufe défenfe dans une Ville furprife, fuppofe parmi les affiégés un Chef du plus
grand mérite; mais ce Chef n'eft plus connu
de mes compatriotes; on fait feulement que ce
ne peut être *Jean de Vezins, Sénéchal & Gouverneur du Querci*, parce qu'il fut tué le premier
jour du fiege. Tous les habitants de Caors con-
noiffent la place où il reçut le coup mortel. J'ai
vu *M. Du Guefclin* mon Evêque, montrer cette
place à M. le Maréchal Duc de Richelieu; j'ai
trouvé dans la maifon même de *Vezins* d'anciens
Mémoires où cette mort eft rapportée avec des
circonftances très-détaillées; mais quel eft donc
le Grand Homme qui mérita d'arrêter fi long-
temps dans fon cours la fortune d'Henri IV?

Sulli qui combattit toujours à côté de son Maître , doit avoir vu de près cet intrépide Guerrier ; & l'on est surpris de ne pas en trouver l'éloge dans ses Mémoires (*n*). *Lacroix* , cet Historien des Evêques & de la ville de Caors, qui écrivoit trente ans après ce siege mémorable , n'a pas seulement nommé le généreux défenseur de sa Patrie ; & l'on croiroit qu'il se forma dèslors une conspiration générale contre la mémoire de ce Héros : cependant il doit être également cher au Rouergue & au Querci , puisque la premiere de ces Provinces fut son berceau , & la seconde le théâtre de ses exploits.

Oui , nous rendrons à *Jean de Vezins* toute la gloire qu'il acquit dans la défense de notre Capitale ; c'est à lui-même que la ville de Caors doit l'honneur unique & sans exemple dans notre Histoire , d'avoir combattu dans ses remparts pendant cinq jours & cinq nuits , contre une armée commandée par son Roi , par un Roi qui valoit lui seul une armée ; c'est Vezins qu'Henri IV eut toujours en tête ; c'est Vezins qui, après lui avoir vendu si cher cette conquête, rendit sa victoire inutile en rompant toutes ses mesures , en l'empêchant de s'étendre dans la Province.

On me demandera fans doute quels font les garants de cette affertion qui dément la tradition, l'opinion publique & les Hiftoriens : on les trouvera dans le premier volume de mon Nobiliaire ; c'eft une lettre du Roi Henri III écrite à *M. de Vezins, Chevalier de fon Ordre & Sénéchal du pays de Querci*, le 21 Septembre 1580, où il le remercie des fervices qu'il lui rendit dans la ville de Caors, & fur-tout de la conduite qu'il a tenue depuis la perte de cette Ville ; c'eft une feconde lettre du même Roi, du 29 du même mois, où, en exécution des promeffes qu'il lui avoit faites dans la premiere, il lui donne la moitié de la Compagnie d'Ordonnance de l'*Amiral de Villars* ; ce font plufieurs lettres de la Reine *Catherine de Médicis*, écrites à M. de Vezins après la perte de Caors ; c'eft enfin le Teftament de ce brave Sénéchal dont j'ai l'original en mon pouvoir, & qui eft du 12 Avril de l'année fuivante 1581. Une differtation que je ne puis pas placer ici, mais qui trouvera fa place ailleurs, prouveroit évidemment que le Duc de Sulli n'aimoit pas le Défenfeur de Caors, & que même il fut injufte à fon égard (*o*).

Je n'ai pas épuifé le détail des motifs qui m'ont fait prendre la plume ; il me refte à parler

du plus intéreffant de tous : j'ai vu dans la
Haute-Guienne une infinité de Gentilshommes
pauvres, humiliés, méprifés ; j'en ai vu plufieurs qui labouroient leur champ ; & ceux-là
même n'étoient pas les plus à plaindre ; j'ai vu
fur-tout dans l'état le plus déplorable une maifon illuftre qui m'a permis d'entretenir le Public
de fes malheurs ; & pourquoi rougiroit-on d'être
pauvre quand on n'a de reproches à faire qu'à
la fortune, & qu'on fait fupporter fes revers
avec dignité ? Un cadet de cette maifon forma
le Regiment des Gardes Françoifes ; il en fut
le premier Meftre-de-Camp. Ce Grand Homme
qui fut percé de cent coups de poignard pour
avoir trop fcrupuleufement veillé à la fureté de
fon Roi, auroit-il pu prévoir que deux fiecles
après fa mort, les malheureux reftes de fa famille
feroient cités dans un Ecrit public comme un
objet de compaffion ?

Telle eft cependant la fituation actuelle de
ces infortunés ; je la publierai cette fituation
cruelle ; j'attirerai fur eux les regards de leurs
parents ; car ils tiennent à la meilleure Nobleffe
de ma Province ; je les préfenterai à MM. les
Officiers aux Gardes, comme des enfants de
leur Corps : Voilà, leur dirai-je, le fang de

ce malheureux *Charri*, qui pour avoir voulu conferver à votre Régiment un privilege alors effentiel à la fureté de fon Roi menacé par de Sujets rebelles, mourut fous le fer des affaffins,
victime de fon amour pour fon Maitre (*p*). Ces
malheureux enfants, nés pour être vos cama-
rades, & pour qui tout fembloit folliciter une
place parmi vous, languiffent au fond de ma
Province dans la plus cruelle indigence. Je les
dépofe dans vos cœurs ; & je crois avoir tout
fait pour eux, en vous dénonçant la fortune
qui les a fi cruellement maltraités. Non, le
généreux Régiment des Gardes ne laiffera pas
périr dans la mifere les derniers rejettons de la
maifon de *Charri* ; & j'eftime affez tous les Militaires François, pour être perfuadé que nous
n'avons aucun Régiment où l'on ne trouvât des
fecours & des appuis pour la poftérité de fon
premier Colonel, réduite à manquer de pain,
fur-tout fi ce Colonel avoit été un Grand
Homme comme celui que je viens de nommer.

Cependant plein de zele pour ces illuftres in-
digents, je ne cefferai de publier leur hiftoire
& leurs malheurs ; & je tenterai même de faire
parvenir ma voix jufqu'au Trône. Parmi les
Grands qui l'environnent, il en eft un, & il

occupe la place qui coûta la vie au malheureux Charri ; il en eft un dont l'ame élevée, fenfible & généreufe fe laiffera pénétrer de mes fentiments pour ces hommes refpectables ; je mettrai fous fes yeux leurs titres, leurs malheurs, la lettre fatale que la Reine Mere écrivit au Héros de leur famille, pour le preffer de venir au fecours du Roi fon fils, & l'arrêt de mort prononcé contre fes affaffins ; il fera touché de ce tableau ; un preffentiment auquel je ne puis me refufer, m'annonce qu'il le portera jufqu'au pied du Trône ; & cet efpoir a déja payé toute la peine & l'ennui que doit me coûter cet Ouvrage. Si ce preffentiment fe vérifie, fi je fuis affez heureux pour procurer des fecours à cette intéreffante famille, me demandera-t-on encore pourquoi je veux publier un Nobiliaire ?

Gentilshommes pauvres, humiliés, méconnus, vous ferez le premier objet de mes foins & de mes travaux ; je publierai votre naiffance, le mérite, les fervices, les alliances de vos ayeux. Vous découvrirez peut-être avec le fecours de mes recherches, des parents riches & accrédités que vous ne connoiffez pas. Mon Livre ira les folliciter en votre faveur ; & quelles furprenantes révolutions n'avons-nous pas vu s'opérer de nos jours dans la fortune de vos pareils, par de femblables reconnoiffances ? Des maifons ducales ont retiré de l'état le plus pauvre, des hommes de leur nom dftinés à les perpétuer. Plufieurs grands Seigneurs ont appellé du fond des Provinces, de malheureux coufins élevés dans la plus grande mifere. Un homme que j'ai vu dans fon enfance fuir devant moi pour cacher fes fabots & fes haillons, vient d'entrer dans une carriere qui peut le conduire au faîte des honneurs. Il devra tout à fon nom, & pourquoi ne voudriez-vous rien efpérer du vôtre ?

Je fais bien que tous les Gentilhommes n'ont pas des parents à la Cour; mais il n'en eft aucun qui, avec un beau nom bien reconnu pour être le fien, & une conduite digne de fa naiffance, n'ait droit à la confidération de tous ceux de fa Province ; & cette confidération, unique & précieux refte des anciens privileges de la Nobleffe, n'eft pas toujours un fentiment ftérile. Dans des temps plus heureux, elle fut un gage infaillible des fecours qu'un Gentilhomme pauvre étoit fûr de trouver parmi fes pareils ; & fi je voulois exciter l'émulation de mes contemporains ; fi la nature de cet Ecrit me per-

mettoit de rappeller à leur souvenir les beaux
jours de la Chevalerie, cet âge d'or de la Noblesse, où l'esprit d'union, de patriotisme & de
fraternité avoit fait de tous les Gentilshommes
une seule famille ; je n'irois pas chercher loin
de ma Province les traits de bienfaisance & de
générosité que je voudrois citer ; des exemples
domestiques apprendroient aux Gentilshommes
de la Haute-Guienne , que leurs ancêtres furent sensibles & bienfaisants , & que leurs soins
généreux s'étendirent sur tous ceux de leurs pareils que la fortune avoit maltraités.

J'ai déja fait un petit recueil de ces exemples ;
& puissent ceux qui les liront, ne pas se borner
à la stérile admiration des vertus de leurs ancêtres ! On y verra que la maison des nos anciens
Seigneurs fut toujours un asyle assuré pour les
Damoiseaux (*q*) sans fortune , & une école
d'honneur où ces jeunes Militaires alloient se
former aux vertus dont les éperons dorés devoient être un jour la glorieuse récompense (*r*).
On y verra les plus nobles sacrifices faits au
beau nom de *compagnon d'armes* , le plus fort
lien peut-être que les hommes ayent formé sur
la terre ; on y verra de jeunes orphelins privés
de leur pere par le sort des combats , devenir
les

les enfants de tous les Gentilshommes de leur contrée ; mais parmi une infinité d'actions généreuses , je n'en citerai aucune avec autant de plaisir , que la dotation des Demoiselles pauvres faite , à frais communs , par la Noblesse de leur Province ; & l'on ne sera pas fâché de lire ici , par anticipation , un de ces exemples pris au hasard dans mon petit recueil.

Le 8 Juin 1336 , plusieurs Seigneurs assemblés à Millau , se cotiserent pour faire une dot à Noble *Levezonne* , fille du Seigneur *Hugues Mir* , *Damoiseau du Château de Creissel* , qu'ils marierent au *Damoiseau Geraud d'Agambert.* Parmi ceux dont j'ai écrit le nom dans mon regiftre , je trouve *Dieudonné de Gozon* , *Seigneur de Melac* , *Raimond de Montolieu* , *Pons de Cantor* , *Bertrand de Monmejan* & *Ricard son pere* , *Guillaume-Bernard de Monlaur* , *Pons de Lusenson* , &c. Eft-il un seul des descendants de ces bons Seigneurs, car je puis prouver qu'il en exifte encore, en eft-il un seul qui ne life cette anecdote avec plaisir ; & qui ne soit tenté en la lifant , d'imiter son douzieme ayeul ? Cédez , hommes généreux , à ce noble penchant ; je ferai bien glorieux de l'avoir fait naître.

Je ne laifferai pas échapper une feule occasion

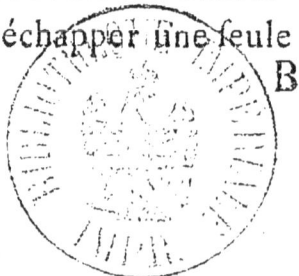

B

de citer dans mon Nobiliaire un trait de bienfaifance & de générofité ; tout ce qui me fem-
blera devoir exciter celles des Gentilshommes
de nos jours en faveur de leurs pareils , fera
pour moi du plus grand prix ; & j'aimerois
mieux avoir à rapporter deux exemples de
Demoifelles pauvres dotées par la Nobleffe de
ma Province, que le gain de vingt batailles.
Je publie ce fentiment, parce qu'il eft dans mon
cœur, & parce qu'il doit éloigner de moi tout
foupçon d'adulation envers cette Nobleffe à
qui l'on a tant reproché fon orgueil & fa
fierté.

Mais quel eft enfin le motif de ce reproche
fi fouvent répété? Vous qui trouvez la Nobleffe
trop fiere, ne feriez-vous pas vous-même un
peu trop fier, & ne voudriez-vous pas vous
difpenfer des égards que vous lui devez?
Vous lui prodiguez philofophiquement les
noms de chimere & de préjugé ; & cependant fi l'aveugle fortune vous fourit un jour,
le premier ufage que vous ferez de fes faveurs,
fera un pas vers le fanctuaire de cette même
Nobleffe fur laquelle vous jetez aujourd'hui
des regards fi dédaigneux, à peine y ferez-vous
admis, qu'on vous entendra déclamer contre

le peu d'égards qu'on a de nos jours pour
. LES GENS DE QUALITÉ ; ainsi, ce
sera vous-même qui justifierez cette imputation
d'orgueil dont vous faites aujourd'hui tant de
bruit.

L'orgueil sans doute est toujours un vice;
mais il est une fierté généreuse qui sied bien
à la Noblesse Françoise ; inséparable du cou-
rage & de la valeur, elle a sa source dans l'élé-
vation de l'ame , c'est le rempart de la Patrie,
c'est le génie tutélaire de la France. Gardons-
nous de chercher à la réprimer , cette noble
fierté. Ce n'est pas avec des humiliations qu'on
forme des Héros. Cultivons au contraire avec
le plus grand soin ce sentiment précieux , cet
enthousiasme de l'honneur, ce germe de toutes
les vertus militaires ; & qu'y a-t-il de plus
propre à le développer dans l'ame d'un jeune
Gentilhomme, que l'exemple de ses Ancêtres,
de ces Héros domestiques qui l'ont précédé
dans la carriere de l'honneur? Leur gloire est
une portion de son héritage ; c'est sa propriété,
c'est sa jouissance, ce sera l'objet de son émulation; il lira leur histoire dans cet Ouvrage;
le récit de leurs exploits échauffera son jeune
cœur , & il ne quittera pas mon livre , sans

B ij

former le généreux projet de laiſſer auſſi des exemples à ſuivre à ſa poſtérité.

On trouve la Nobleſſe trop fiere , & moi , je la trouve trop humiliée ; déchue de ſes privileges , à peine peut-elle , en mille occaſions, montrer la ligne imperceptible qui la ſépare du Tiers-état. Preſque toujours pauvre , & ſans moyens de ſe réconcilier avec la fortune , ſi l'idée de ſa naiſſance , ſi le ſouvenir de ſes Ancêtres eſt une jouiſſance pour elle , cette jouiſſance eſt rachetée par tant de privations, qu'il faudroit être bien dur pour la lui reprocher ; & quand la lecture de mon Nobiliaire ne ſeroit bonne qu'à prolonger de quelques inſtants cette heureuſe illuſion , je ne croirois pas avoir fait un Ouvrage inutile. Mille détails dont cet écrit n'eſt pas ſuſceptible , prouveroient évidemment que des trois Ordres qui compoſent la Nation Françoiſe , la Nobleſſe eſt ſans contredit le plus à plaindre , & ſur-tout dans des Provinces comme la nôtre , dont la coutume meurtriere a fait du berceau du premier né, un autel où l'on immole impitoyablement tous les malheureux qui naiſſent après lui , où lui ſeul doit avoir du pain & une maiſon.

On a beaucoup écrit ſur les malheurs de la

Nobleffe , & fur les moyens de les réparer fans impofer une nouvelle charge à l'Etat. Chacun a publié fur cet objet fes vues particulieres ; & je pourrois bien un jour fuccomber à la tentation de publier auffi les miennes : peut - être y en aura-t-il quelqu'une d'utile ; peut - être ne ferai-je que répéter ce que d'autres ont dit avant moi ; mais n'importe, ce que d'autres ont dit , je le dirai auffi ; c'eft en réuniffant beaucoup de voix qu'on peut efpérer de fe faire entendre.

J'ai rendu compte des motifs qui m'ont fait entreprendre cet Ouvrage ; je vais parler de la maniere dont je me propofe de l'exécuter.

On croit communément que tous les Dictionnaires généalogiques ne font qu'un tiffu de menfonges ; c'eft , dit-on , la légende dorée de la Nobleffe ; il ne faut, pour y figurer avec diftinction , que de l'impudence & de l'argent. Ce jugement eft trop rigoureux ; il eft même trèsinjufte. On connoît plufieurs Nobiliaires dont les Auteurs ont mérité l'eftime & la confiance publiques , par un grand amour de la vérité & par une érudition profonde ; mais je fuis forcé de convenir que plufieurs autres n'ont que trop bien juftifié cette fâcheufe imputation. Je les ai raprochés de mes notes prifes fur des originaux,

& j'ai vu que le Public les avoit bien jugés : cependant eft-ce-là la faute de ceux qui les ont pu-
bliés ? On leur envoye du fond des Provinces
des Mémoires généalogiques où chaque famille
a configné fa chimere ; ils livrent ces Mémoires
à l'Imprimeur ; la preffe gémit fur l'ouvrage de
l'impofture ; & le public voit avec fcandale
paroître un Livre où le nom d'un homme ennobli depuis trois ou quatre générations, forme
le vingtieme degré d'une fuperbe defcendance.
On crie au menfonge ; chacun a chez foi de quoi
le conftater ; on ne doute pas que l'Auteur du
Nobiliaire n'ait vendu fa plume à l'orgueil du
Gentilhomme, & cependant quel avantage en
revient-il à celui-ci ?

Perfuadé fur la foi de fon pere, auteur du
Mémoire généalogique, que fon dix-huitieme
ayeul fut un des Chevaliers que Philippe-Au-
gufte conduifit à la Terre-Sainte, il obtient un
emploi militaire ; il affiche dans fa Province les
plus hautes prétentions ; il doit inceffamment
être fait Colonel ou Sous-Lieutenant de Gen-
darmerie ; un riche Financier brûle de l'avoir
pour gendre ; & n'attend pour lui donner fa
fille avec toute fa fortune, que le moment peu
éloigné où il aura chaffé avec le Roi. Il fe pré-

fente en effet à M. Cherin , avec une foule
de titres ramaffés , à grands frais , par fon
pere ; mais ce Généalogifte dont la févere in-
tégrité fait le fouci de tous les afpirants aux
honneurs de la Cour, apprend bientôt au nouveau Candidat qu'il n'y a point de place pour
lui dans les carroffes du Roi. La honte & l'humiliation le ramenent dans fa Province ; il vient ,
dit-il , chercher le feul acte qui lui manque ; car
il n'en manque jamais qu'un : cependant cet acte
ne fe trouvera pas ; & il maudira le refte de
fes jours la fotte vanité de fon pere qui l'a fi
défagréablement compromis.

Si je croyois que mon Livre dût expofer
quelqu'un à cet affront , je quitterois la plume
pour ne jamais la reprendre ; mais n'y auroit-il
donc aucun moyen de faire un Nobiliaire fans
publier des menfonges ; & l'Auteur d'un Dictionnaire généalogique feroit-il néceffairement
& par état , un Fabulifte , un impofteur ? Je
l'ai déja dit , on a plufieurs exemples du contraire ; & j'annonce hardiment que je vais en
donner encore un.

Ce n'eft pas fur le plan des Nobiliaires ordinaires que je me propofe de travailler ; je ferai
l'Auteur & non pas feulement l'Editeur de mon

Ouvrage. Ce ne font pas des Mémoires généalogiques qu'on doit m'envoyer ; c'eft une preuve
par titres qu'on doit faire devant moi. Je veux
pouvoir garantir la vérité de tout ce que j'écrirai ; & je jure de ne rien écrire que ce que j'aurai lu dans des actes dignes de foi. Si quelqu'un
me trouve difficile , je lui demanderai dans
quelles vues il voudroit faire une généalogie
qui ne dût pas être admife par tous les Commiffaires de France ; j'aurois trop à rougir de
l'embarras où fe trouveroit un Gentilhomme
pour établir fa defcendance, après que je l'aurois
publiée dans mon Nobiliaire ; & je ne m'ex-
poferai jamais à cette humiliation. Produifez
des actes originaux ; ce feront les feuls dont je
ferai ufage, & Dieu me préferve de publier toutes les raifons que j'ai pour n'en recevoir pas
d'autres (s).

Ce ne fera donc pas dans le Nobiliaire de la
Haute-Guienne que l'impudence & l'argent donneront à qui que ce foit des couleurs qui ne
lui appartiendront pas. Eh ! qu'obtiendroient de
moi tous les ufurpateurs , tous les faux Nobles
de ma Province ? je vais leur dire avec la fran-
chife d'un Militaire ; (car je fus Militaire avant
d'être homme d'Eglife,) je vais leur dire quelle

eft la conduite que j'ai projeté de tenir avec
eux. Il faudroit, ce me femble, être bien hardi
pour me propofer de mentir au public, quand
on aura lu ce que je vais écrire.

Parmi les faux Nobles, il en eft qui le font
de bonne foi : ceux-là méritent des égards &
des ménagements. Un homme imprudent, fans
prévoir les humiliations qu'il préparoit à fa
poftérité, dit, il y a cent ans, à fon fils, qu'il
étoit Gentilhomme ; il changea, il fupprima,
il ajouta une lettre ou un accent à fon nom, &
ce nom ainfi défiguré devint celui d'une famille
noble, mais éteinte, ou dont le Chef actuel
eut des raifons pour fe prêter à la fupercherie.
L'Intendant de la Province, trompé par des
Commis infideles, déchargea le nouveau Gentilhomme de la taxe du Franc-fief; le Lieutenant
Général de la Sénéchauffée, qui pouvoit avoir
intérêt à l'immatriculer au Rôle de la Nobleffe,
l'appella au ban & arriere ban ; la lettre de con-
vocation exifte ; on n'a eu garde de l'égarer ;
elle eft foigneufement pliée dans l'Ordonnance
de l'Intendant. Muni de ces deux pieces facrées,
& d'un tas de vieux titres en parchemin, l'arriere
petit-fils de cet ufurpateur vient demander une
place dans mon Nobiliaire. Le premier coup

d'œil jeté sur sa production, m'apprend toute son histoire : que lui répondre ? Comment me débarrasser de lui ? car je promets bien au public qu'il ne trouvera pas cette généalogie dans mon Livre.

Je fais des difficultés sur la forme des actes ; je demande une addition à la preuve ; j'élude toutes les questions ; je fais enfin tout mon possible pour qu'on me devine, sans me faire expliquer : cependant cet homme ne m'entend pas ; il s'obstine à me poursuivre ; il veut absolument savoir ma façon de penser sur son origine ; & bien il la saura ; je la lui dirai à l'oreille ; je jure que je ne la dirai qu'à lui seul ; que pour tout autre je serai impénétrable sur les motifs de mon refus, & qu'il n'en restera pas même la moindre trace dans mes registres. Qu'on m'indique de procédés plus honnêtes, & je promets de les employer avec une patience à toute épreuve.

Mais si mon importun ainsi éclairé sur son origine, & ne pouvant plus alléguer sa bonne foi pour excuse de ses démarches ultérieures, faisoit encore de nouvelles instances ; s'il me connoissoit assez peu, s'il s'oublioit assez lui-même pour oser me solliciter à prix d'argent de mettre fon menfonge dans mon Livre , la plus cruelle vengeance fuivroit de près cet outrage fait à ma délicateffe ; je le dénoncerois à toute la Nobleffe du Royaume ; je publierois fans ménagement , & fa fable & les infames propofitions qu'il auroit ofé me faire ; je le dévouerois à jamais au ridicule , au mépris public ; & la menace que je configne dans cet écrit , eft une barriere que je veux élever entre mon Livre & de pareils féducteurs. Je viens de dire à quel prix on peut entreprendre de la franchir ; fi cependant quelqu'un de ces hommes vils , qui ne croyent ni au défintéreffement ni à la véracité , veut fe perfuader que ce n'eft ici qu'une amorce adroitement préfentée aux faux Nobles les plus favorifés de la fortune , je l'invite à paroître le premier pour en faire l'épreuve ; c'eft un fervice à rendre à fes pareils.

Gens à fables , gens à folles prétentions , & vous fur-tout dont la main hardie a laiffé dans plus d'un Chartrier des traces qui n'ont pas échappé à mes yeux , gardez pour un meilleur temps votre fecret & vos papiers ; la circonftance n'eft pas heureufe pour les produire. Le feul parti raifonnable que vous puiffiez prendre en cette occafion , c'eft de dire à vos amis que vous

ne voulez pas me confier vos titres ; que votre
nom eſt, aſſez connu ; que votre généalogie
eſt déja imprimée dans un autre Ouvrage ; que
le mien n'eſt qu'une miſérable rapſodie., &
que vous ne lui ferez pas l'honneur d'y inférer
votre hiſtoire ; de mon côté , je vous jure
qu'elle n'y entrera jamais , & ſi quelque jour ,
par des moyens que j'ignore , & contre leſquels
une expérience de vingt ans a dû me prémunir ,
vous parvenez à me faire illuſion , & à placer
votre fable dans mon Livre , ne vous preſſez
pas de triompher de ce dangereux ſuccès ; vous
n'aurez encore qu'un établiſſement précaire ; je
vous pourſuivrai néceſſairement & ſans vous
avoir en vue , juſques dans les derniers re-
tranchements du poſte que vous aurez ſurpris.
De nouvelles recherches , les papiers de vos
voiſins rapprochés des vôtres , & mille autres
précautions que je me propoſe de prendre ,
m'éclaireront un jour ſur mon erreur & ſur les
ſourdes pratiques que vous aurez employées
pour me tromper : alors il n'en coûtera rien à
mon amour-propre de convenir que vous êtes
plus adroit que moi ; j'en ferai au public le
modeſte aveu ; & je vous remettrai à votre
place par la rétraċtation la plus ſolemnelle.

Ces moyens font violents ; mais ils font néceffaires à un homme jaloux de la confiance publique, & réfolu de tout facrifier à la vérité ; & contre qui me propofé-je de les mettre en œuvre ? Eft-ce indiftinctement contre tous les faux Nobles ? J'ai déja dit , & je veux redire encore , que ceux qui s'adrefferont à moi fans avoir formé le projet de me tromper ou de me féduire , me trouveront toujours honnête, pa-tient & difcret ; qu'à leurs yeux & à ceux du public, j'aurai l'air de les croire bons Gentils-hommes ; que jamais leur fecret ne tranfpirera ni par mes difcours , ni par mes écrits ; & qu'on aura toujours lieu de préfumer que des recherches mal faites ou la difficulté de trouver des originaux , font les feules raifons qui les ont empêchés de confommer leur preuve.

Telle fera conftamment ma conduite à l'é-gard de tous ceux qui fe préfenteront de bonne foi , quand même ils n'auroient aucun prétexte plaufible pour demander une place dans mon Nobiliaire ; mais l'impofture, mais la féduction, mais les fauffaires méritent-ils de pareils ménagements ? C'eft contr'eux feuls que j'emploîrois dans l'occafion les moyens dont je viens de parler : cependant je crois en avoir affez dit pour les écarter tous ; & l'on verra bien que c'étoit mon unique objet dans ce que je viens d'écrire. Ayant à lutter, d'un côté contre les entreprifes des faux Nobles ; de l'autre, contre l'idée où l'on eft communément qu'un Généalogifte eft toujours un impofteur, il m'a fallu dire des vérités dures, mais je n'ai dit que des vérités. J'efpere qu'après les avoir lues, on ne me foupçonnera ni de vénalité , ni d'acception de perfonne. J'aurois pris un autre ton avec le public , fi j'avois voulu gagner de l'argent, ou faire ma cour à quelqu'un en lui dédiant des menfonges.

Quant aux nouveaux Ennoblis , ne le fuffent-ils que d'hier , je citerai avec attention les titres conftitutifs de leur nobleffe ; je préfenterai fous le point de vue le plus favorable les motifs de leur ennobliffement , leurs fervices , leurs alliances , leurs qualités perfonnelles ; j'infifterai avec plaifir fur-tout ce qui pourra les rendre recommandables ; je leur dirai qu'aux yeux du fage il eft bien plus glorieux d'avoir ennobli fa poftérité, que de devoir fa nobleffe au hafard de la naiffance ; & pour les confoler enfin de n'être pas au premier rang dans mon Nobiliaire , je leur rappellerai la philofophique épigraphe de cet Ecrit :

L'un a dételé le matin,

L'autre l'après dinée.

Puifque je ne dois écrire que ce que j'aurai lu dans des actes dignes de foi, il faudra que chaque Gentilhomme me faffe parvenir les fiens ; j'indiquerai pour cela des voies fures, faciles & peu coûteufes ; & fi quelqu'un tient affez fcru_ puleufement à fes Archives, pour ne vouloir pas s'en féparer, je lui dirai que j'ai en ce moment dans mon Cabinet, les titres originaux de trente familles ; que depuis vingt ans j'en ai toujours eu beaucoup à ma difpofition, & que perfonne ne s'eft jamais repenti de me les avoir confiés ; je lui dirai qu'il y a à Caors, à Mon auban, à Moiffac, à Lauzerte & dans plu- fieurs autres Villes, des Gentilshommes dont j'ai fait la généalogie, & qui garantiront mon défintéreffement, mon exactitude & ma difcré- tion ; je lui dirai enfin que je travaille avec affez de conftance & de facilité, pour promettre aux plus preffés que leurs titres leur feront ren- dus peu de jours après qu'on me les aura re- mis ; mais fi toutes ces précautions ne peuvent triompher de fa méfiance, il gardera précieufe- ment l'inutile dépot de fes papiers ; & il faudra renoncer au projet d'inférer fa généalogie dans

mon Livre. J'en ferai très-fâché pour deux raifons : la premiere, c'eft que mon Ouvrage fera
incomplet ; la feconde , c'eft qu'il reftera toujours des foupçons défavantageux fur la naiffance d'un Gentilhomme , quel qu'il puiffe être ,
dont on ne trouvera pas le nom dans le Nobiliaire de fa Province.

Chacun croit être affez connu , & jouir de
toute la confidération due à fa naiffance ; &
moi, je fais qu'il n'eft prefque point de Gentilhomme à qui l'on rende juftice à cet égard.
Vos meilleurs amis conviennent que vous por-
tez un beau nom ; mais ils me difent à l'o-
reille , avec le fourire du mépris , que ce n'eft
pas le vôtre ; il ne tient pas à eux que je ne
vous croie iffu d'un intrus, d'un ufurpateur ou
d'un bâtard. Un voifin jaloux ; & où ne trouve-t-
on pas de pareils voifins ? Un voifin jaloux, plein
de prétentions exclufives à la nobleffe, aux illuftrations, hafarda un propos équivoque fur votre
origine ; ce propos fut recueilli avec avidité ; on
le commenta ; on en fit une anecdote avec des
dates & des circonftances; & toutes les fois qu'il
eft queftion de vous , on fe redit cette anecdote à l'oreille. Je ferois fûr d'étonner , peut-
être même de mortifier beaucoup des meilleurs
Gentilsho.nmes

Gentilshommes du Rouergue & du Querci , en leur apprenant quelle eſt ſur leur origine l'opinion publique ; mais une longue expérience m'a prouvé que cette opinion eſt preſque toujours l'effet de l'envie , de l'ignorance ou de la méchanceté. Suſpendez donc votre jugement, quand on vous dira que votre voiſin , qui ſe donne pour Gentilhomme , eſt l'arriere petit-fils d'un Savetier ; mon Nobiliaire vous apprendra peut-être, qu'il deſcend d'un Chevalier mort à la bataille de Taillebourg.

Ce n'eſt donc qu'en publiant ſes titres , qu'on peut ſe faire connoître , & jouir aux yeux du public de ſa véritable exiſtence. Il y a trente ans qu'on accuſoit de vanité quiconque faiſoit des recherches généalogiques; mais aujourd'hui elles ſont devenues indiſpenſables ; le Roi en a fait un devoir à chaque Gentilhomme. On ne peut occuper un emploi militaire ſans faire une généalogie ; & quiconque ne fait pas la ſienne , eſt juſtement ſoupçonné, ou de manquer de titres , ou de n'avoir rien de beau à montrer au public.

Mais quels titres faudra-t-il donc produire pour obtenir une place dans le Nobiliaire de la Haute-Guienne ? Voici ma réponſe ; elle doit être

très-claire , afin que perfonne ne foit compro=
mis : ou vos ancêtres étoient Gentilshommes
avant la recherche générale des faux Nobles
commencée vers le milieu du fiecle dernier, ou
vôtre famille a été ennoblie depuis cette époque.
Dans le premier cas , vous devez rapporter le
jugement du Commiffaire qui maintint un de
vos auteurs dans fa qualité de Noble , & prouver votre defcendance depuis celui qui fut
maintenu. Si au contraire celui de vos afcendants qui fut recherché , fut condamné à l'amende
& déclaré roturier , vous produirez un Arrêt
du Confeil qui aura réformé le Jugement du
Commiffaire , & rétabli votre auteur dans fa
qualité. Si vous prétendez enfin que vos ancêtres n'ont jamais été recherchés fur leur naiffance, mettez-moi à la place du Commiffaire ,
& faites devant moi la preuve, que vous auriez
été obligé de faire devant lui ; c'eft-à-dire,
établiffez votre defcendance noble depuis l'année 1560 , conformément aux Déclarations de
1660 & 1664. Dans le fecond cas , fi votre
famille a été ennoblie depuis la recherche des
faux nobles, vous rapporterez les actes conftitutifs de votre nobleffe , & vous prouverez
votre filiation depuis celui de vos afcendants

fur la tête duquel ces titres s'appliquent. Je dois ajouter ici , pour n'être pas plus févere que la Loi, qu'aux termes d'une Déclaration de 1714, ceux qui n'ayant pas été condamnés à l'amende, comme ufurpateurs, avant cette époque, remontent par une filiation noble jufqu'à l'an 1614, doivent être réputés Gentilhommes ; mais la difficulté fera pour eux de prouver qu'ils n'avoient pas été recherchés ou condamnés avant cette Déclaration ; j'exigerai à cet égard des preuves qu'ils trouveront difficiles , mais dont la crainte d'être trompé ne me permettra de rien rabattre.

Perfonne cependant ne doit rougir de n'être pas nommé dans un Ouvrage où *Fabert*, *Jean-Bart* & *Dugué-Trouïn* n'auroient pas pu l'être. Les noms de ces Héros n'en font pas moins écrits en caracteres ineffaçables dans les faftes de la Nation, & dans le cœur de tous les François. Le *Maréchal de Monluc* a dit dans fes Commentaires : *Il n'eft combat que de Nobleffe* : cependant fi je ne m'étois pas fait une loi inviolable de refpeêter le fecret des familles, & de ne jamais foulever en public le voile myftérieux qui couvre leur berceau, il me feroit aifé de prouver que, parmi les braves dont la valeur

C ij

arracha ce propos à Monluc, il y en avoit plufieurs qui n'étoient pas Gentilshommes, quoique leurs defcendants le foient aujourd'hui, &
qu'ils fuffent eux-mêmes dans des Compagnies
d'Ordonnance.

Et qui doute en effet qu'il n'y ait dans le
Tiers-état, une infinité d'ames nobles, élevées,
fublimes, capables des plus grandes chofes,
& dont la Nobleffe devroit s'enorgueillir fi elles
étoient nées dans fon fein ? mais ce n'eft pas
pour les Héros de toute efpece que je me fuis
propofé d'écrire ; c'eft aux feuls Gentilshommes, c'eft à la véritable Nobleffe que je confacre ma plume ; c'eft pour elle feule que je
me fuis impofé une tâche pénible qui me dé-
voue pour long-temps au travail le plus infi-
pide & le plus dégoûtant.

Ô vous pour qui j'écris, recevez le ferment
que je fais d'être toujours vrai, & ne m'ac-
-cufez pas de menfonge quand je vous dirai des
chofes étonnantes ; quand je vous montrerai
dans la fange les rejetons des Maifons les plus
illuftres, & peut-être la poftérité même des
Rois ! Le temps, l'inftabilité des chofes hu-
maines, le choc des puiffances & des paffions
ont pu, après une longue fuite de fiecles, rendre

cette postérité méconnoissable , & l'ensevelir dans la poussiere avec les Couronnes & les Sceptres. On a trouvé depuis peu parmi les Montagnards de l'Isle de Corse un *Comnene*, un descendant des Empereurs de Constantinople ; & je ne serois pas surpris qu'on découvrît dans la Güienne & dans la Cascogne plusieurs rejetons d'une famille encore plus anciennement assise sur les Trônes.

On lira sans doute dans cet Ouvrage des choses peu vraisemblables , mais elles seront toujours vraies ; je ne les écrirai point sans citer les actes qui les constatent, & les lieux où ces actes sont déposés. J'ai fait jusqu'à ce jour une infinité de généalogies de toute espece , soit par quartiers, soit en ligne directe , pour obtenir les honneurs de la Cour , pour des Chapitres nobles d'hommes & de femmes , pour l'Ordre de Malthe, &c ; & tous les Récipiendaires que j'ai présentés ont été reçus sans difficulté; c'est un fait sur lequel je puis attester toute ma Province. Cette expérience dépose en ma faveur , & doit me concilier la confiance de la Noblesse ; car me fairoit-on l'honneur de me croire assez adroit pour avoir fait illusion au Généalogiste de la Cour , & à tant d'autres

Commiſſaires devant qui l'on ne peut produire
que des actes originaux ?

Mais quel motif eut pu me déterminer à
tromper un Commiſſaire, quand même j'aurois
poſſédé l'infame talent que ſuppoſe une pareille entrepriſe ? Seroit-ce le deſir de gagner
de l'argent ? Mes amis ſavent que j'en aurois
beaucoup, ſi j'avois voulu mettre mes ſervices
à prix ; mais je les atteſte tous, j'atteſte hardiment tous ceux qui me connoiſſent, tous
ceux pour qui j'ai travaillé, que juſqu'à ce
jour, mes mains ſont pures de toute eſpece de
retribution, & que le plaiſir de rendre ſervice
a été, depuis vingt ans, l'unique prix de mes
longues & pénibles courſes, de mes veilles &
de mes travaux. Ces détails paroîtront étran-
gers à mon ſujet ; mais plus je ſerai connu
du public, & plus j'aurai de droits à ſa confiance. Cette confiance eſt le plus cher objet
de mes vœux ; elle ſeule peut me faire ſup-
porter les dégoûts de la pénible carriere que
je vais parcourir.

Je vais parler des engagements que je veux
prendre avec la Nobleſſe, & des conditions
qu'elle me permettra de lui impoſer.

1°. Je ferai la généalogie de toutes les familles

nobles actuellement exiftantes dans la Haute-Guienne & dans la partie du Diocefe de Caors qui reffortit au Sénéchal d'Agen , ainfi que celle de toutes les branches de ces familles en quelques pays qu'elles fe trouvent. Je ferai auffi celle de toutes les Maifons originaires du Rouergue & du Querci en quelques Provinces qu'elles fe foient tranfplantées , & quelque ancienne que foit leur émigration. Ce travail eft immenfe , mais il n'excéde pas mes forces; ceux de mes amis qui m'ont vu à l'ouvrage , favent qu'avec un ou deux Secretaires , je ferai encore au-deffus de ma befogne.

2°. Je ferai des extraits analytiques de tous les actes que j'emploîrai , & j'y ferai mention, non feulement de tout ce qu'il y aura de généalogique , mais même de tout ce qui aura trait à l'Hiftoire de la Province & notamment aux anciens Etats du Pays de Querci ; aux mœurs, aux ufages, à la façon de vivre, & au coftume même de nos ancêtres , au tranfport des terres d'une famille à l'autre , à leur mouvance, aux Majorats , aux Fondations & Patronage des Chapelles & autres Bénéfices, &c.

3°. Je drefferai fur ces extraits la généalogie

de chaque famille ; & les actes que je rendrai feront cotés & numérotés de maniere, qu'en les rapprochant du Mémoire que j'y joindrai, on verra d'un coup d'œil ce que contient chacun de ces actes, quoiqu'on ne fache pas lire les anciennes écritures. Je demanderai à chaque Gentilhomme, en lui envoyant une copie de fa généalogie, s'il veut y faire des additions ou des fuppreffions , & je le confulterai fur le nom actuel des terres & des maifons dont j'y aurai fait mention, parce qu'il y en aura plufieurs que je n'aurai lus que dans des actes écrits en latin ou en patois du pays, & que je pourrois ne pas les écrire comme on les prononce aujourd'hui ; c'eft pour n'avoir pas pris cette précaution , qu'on a défiguré une infinité de généalogies où l'on ne reconnoît plus les alliances d'une famille, ni les terres qu'elle a poffédées.

4°. Je dirai quelles font les armes de chaque famille ; je rapporterai la devife & le cri de guerre de celles qui en auront ; & pour cet effet, je prie tous ceux qui m'enverront leurs titres , de m'envoyer auffi l'empreinte de leur cachet fur la meilleure cire qu'ils pourront fe procurer.

5°. S'il y a des lacunes dans les defcendances,

j'indiquerai les moyens que je croirai les plus propres à les remplir. Ces moyens font fans nombre, & fur-tout pour les familles qui ont poffédé des terres confidérables. Les feuls actes féodaux garantiffent communément le fuccès de leurs recherches. J'ai vu une filiation de cinq générations rapportée dans un feul acte de déguerpiffement. La Nobleffe du Rouergue a dans les Archives des Comtes d'Armanhac, des reffources qui manquent à celle du Querci. On trouve d'ailleurs à Villefranche & à Millau, une fuite non interrompue de minutes de Notaires, depuis Philippe le Long jufqu'à nos jours. Quant aux dépots de la Capitale qui font un tréfor commun à toute la Nobleffe du Royaume, j'indiquerai les voies par lefquelles j'y ai abouti, quand j'ai cru que mes amis pouvoient y faire des recherches utiles. Si je trouve dans les titres des Maifons anciennes, de quoi former des conjectures honorables, je tâcherai de donner à ces conjectures toute la probabilité dont elles feront fufceptibles ; mais je ne les donnerai jamais que pour des conjectures. Quand les Maifons de l'ancienne Chevalerie auront pouffé leur filiation jufqu'aux temps où l'on ne trouve que peu ou point de titres, j'appellerai l'Hiftoire à leur fecours ; j'y retrouverai peut-être ces Maifons fous vingt noms différents, où l'Auteur feul de leur généalogie pourroit les reconnoître, & dont lui feul pourroit prouver l'identité (t). Je ne négligerai rien de tout ce qui pourra donner un nouveau luftre à ces précieufes familles dont l'origine fe perd dans l'obfcurité des fiecles, & qui font dans la Haute-Guienne en bien plus grand nombre qu'on ne penfe. Je dois avertir la Noblefle qu'il n'eft pas effentiel, comme on le croit communément, de produire pour chaque génération, un contrat de mariage & un teftament ; ces pieces peuvent être remplacées par tout autre original où la filiation eft enoncée. On appelle acte original, tout Autographe, c'eft-à-dire, tout acte figné par le Notaire recevant ; de façon qu'on peut avoir cent originaux du même acte ; & c'eft ce qu'on a bien de la peine à faire concevoir à plufieurs Gentilshommes qui croyent toujours qu'un original eft un regiftre de Notaire.

6°. Mon Nobiliaire fera imprimé, ou par foufcription, ou à mes dépens, & il fera vendu au profit des Pauvres de mon Bénéfice. J'ai déja affez de matériaux pour en faire imprimer plus d'un volume ; mais comme prefque toutes les généalogies que je pourrois y faire entrer, regardent des Gentilshommes du Querci , je ne livrerai rien à l'Imprimeur que quand j'en aurai un pareil nombre concernant la Nobleffe du Rouergue.

7°. Les familles feront rangées dans mon Nobiliaire par ordre alphabétique , & chaque volume comprendra toutes les lettres de l'alphabet ; ainfi , les noms qui commencent par un Z paroîtront en même-temps que ceux qui commencent par un A.

8°. En attendant que je puiffe indiquer les voies dont on fe fervira pour me faire parvenir les papiers de tous les points de la Province, on pourra les dépofer chez *M. Rames* , Curé de Concots, fur la route de Villefranche à Caors , & chez *M. Calhiat* , Greffier en Chef du Sénéchal à Lauzerte. Un feul domeftique, avec un cheval, peut y porter les papiers de vingt familles. Ces Meffieurs donneront un reçu des paquets qu'on leur remettra. Chaque Gentilhomme me donnera avis par le Courier de l'envoi qu'il aura fait, & je ferai très-exaɛt à lui en accufer la réception dans ma réponfe à fa lettre.

9°. Comme la plupart des Gentilshommes

n'ont que des copies informes de leurs actes,
qui furent faites lors de la recherche générale
des faux Nobles, ils pourront m'envoyer ces
copies ; le verbal d'expédition indiquera les
originaux, & je faciliterai, autant qu'il fera
en moi, les moyens de me les préfenter ; car
il faut abfolument que je les voie, pour ne
pas confondre les defcendants de nos anciens
Chevaliers, avec la poftérité de leurs Palfreniers.
On trouve très-difficile & très-coûteux de porter à Paris plufieurs regiftres de Notaires pour
les produire devant le Généalogifte de la Cour :
cependant c'eft une loi impofée à tous les Gentilshommes de France qui n'ont pas eu le foin
de retirer ou de conferver leurs originaux ; mais
ici la difficulté ne fera pas grande ; je ne for-
tirai jamais de la Province ; un coup d'œil
fuffit pour prendre note d'un acte fur un regiftre qu'on rend tout de fuite ; & je pourrois
bien un jour me rapprocher des lieux où il y
auroit un certain nombre de minutes que les
Notaires ne voudroient pas déplacer.

10°. Je prie tous les Gentilshommes qui vou-
dront me faire parvenir leurs titres, de ne pas
me les porter eux - mêmes ; ils me fairoient
perdre beaucoup de temps, & leur voyage

feroit parfaitement inutile , parce que j'ai fait vœu de ne jamais parler de généalogies que par écrit.

11°. Je répondrai à toutes les lettres qu'on m'écrira ; mais je ne recevrai que celles qui feront affranchies ; ma correspondance fera déformais trop étendue, pour que je puisse en faire les frais fans me déranger.

12°. Mon adresse fera toujours à Lauzerte en Querci. Je prie tous les Gentilshommes qui me feront l'honneur de m'écrire , de me donner la leur d'une maniere claire.

Tandis que je remplirai la tâche pénible que je viens de m'impofer , la Noblesse me refuserat-elle quelques fecours pour des malheureux à qui je dois le loifir que je lui confacre ? Mon Bénéfice s'étend fur un territoire de treize lieues de circonférence. Plufieurs milliers de faméliques travaillent ce fol ingrat , qui , de l'aveu de tous les Cultivateurs , est le moins fufceptible de rapport qu'on connoisse dans la Haute-Guienne. Je ferois fûr d'exciter la commifération de l'homme le moins fenfible , en lui montrant le pain que mangent les meilleurs habitants de cette terre infortunée. Il n'y a dans tout ceci rien d'hyperbolique : telle est la véritable fituation des pauvres Laboureurs à la fueur defquels je dois mon exiftence. Mon devoir & mon cœur me rappellent fans ceffe cette affligeante vérité, & l'étroite obligation où je fuis de leur rendre compte de l'emploi de mon temps. Je joindrai donc à ce que je puis leur donner, la petite contribution que chaque Gentilhomme me permettra de lui impofer pour prix de fa généalogie. Cette contribution fera dépofée par le Gentilhomme même, entre les mains d'un des trois Curés qui deffervent mon Bénéfice; elle ne parviendra jamais jufqu'à moi, & fera diftribuée tout de fuite aux plus pauvres habitants de mes Paroiffes. Ce projet a été applaudi par tous ceux à qui je l'ai communiqué; & j'efpere que la Nobleffe lui donnera des éloges.

On va me demander fans doute quel fera le prix de chaque généalogie; on fent bien qu'il doit être proportionné à la fortune du Gentilhomme, & à l'étendue de fa filiation; mais comme je ne me propofe pas de le fixer moi-même, je ne répondrai pas aujourd'hui à cette queftion. Le defir de faire du bien à mes Pauvres, & la crainte d'être à charge à la Nobleffe, me mettroient dans une alternative trop embarraffante : cependant je n'oublirai jamais qu'un homme de mon état eft toujours à fa place quand il follicite la générofité du riche en faveur de ceux qui manquent de pain.

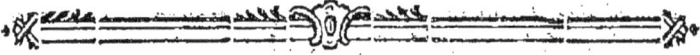

NOTES.

(*a*) LES Maifons de l'ancienne Chevalerie font celles qui avoient donné des Chevaliers avant que nos Rois euffent jamais accordé des Letttres de Nobleffe à leur Sujets. On croit communément que les premieres lettres de Nobleffe furent accordées par Philippe le Hardi à Raoul l'Orfevre, en 1272.

(*b*) On a voulu fe perfuader que prefque toutes les Maifons de l'ancienne Chevalerie avoient péri dans les Croifades d'Orient. La vanité, la jaloufie, les prétentions exclufives à la nobleffe, aux illuftrations, s'accommodent très-bien de cette opinion, & ont dû l'accréditer ; mais on peut la combattre avec le plus grand avantage. Tous les anciens monuments, tous les Chartriers du Royaume atteftent qu'en 1271 immédiatement après la derniere Croifade, il y avoit en France un très-grand nombre de Barons, de Chevaliers & autres Gentilshommes. On en voit dans le feul Languedoc plus de quatre cents qui, cette même année & en deux jours feulement, rendent hommage à Philippe le Hardi entre les mains de Guillaume de *Cohardon*, Sénéchal de Carcaffonne. Une infinité d'Actes de cette même année & des années fuivantes, prouvent que ces quatre cents hommagers ne faifoient peut-être pas les deux tiers des Gentilshommes du Languedoc, encore n'étoient-ce que les Chefs de famille qui rendoient hommage ; on peut donc fans exagération, en comptant feulement trois mâles par famille, croire, qu'après la derniere Croifade, il reftoit environ deux mille individus nobles dans les Etats des Comtes de Touloufe. (*Voyez le Saifimentum Comitatûs Tolofæ dans les Annales de Touloufe, par La Faille & par Du Rozoi*) ; & fans fortir de ma Province, je puis citer, à cette même époque, en 1271, & dans le feul territoire dont eft compofée aujourd'hui la petite Sénéchauffée de Lauzerte, plus de cinquante maifons nobles dont les Chefs étoient alors prefque tous Chevaliers ; & pour prouver que je ne crains pas d'être démenti, je les nomme : *Boiſſe*, *Bar*, *Beau-ſort*, *Beauville*, *Caſtanié*, *Caſtelnau*, *Caſalelhs*, *Coiſſel*, *Cluſel*, *Bugat*, *Barate*, *Carle*, *Carces*, *Durſort*, *Delboſc*, quatre *Eſcairac* Chefs de quatre différentes branches ; *Floiras*, *Ferriere*, *Gordon*, *St-Geniés*, *Genibrede*, *St-Geri*, *St-Gile*, *Guiſcard*, *Lolmie*, *Leſpinaſſe*, *Lagarde*, *Lamothe*, *Labruguede*, *Laperarede*, *Malmont*, *Monlezun*, *Mondenard*, cinq *Montagu* Chefs de cinq branches ſéparées ; *Marco*, *Miramon*, *Monceſſou*, *Moyne*, *Narcés*, *Orgueil*, *Pene*, *Preſtis*, *St-Privat*, *Planels*, *Pechpeyrou*, *Rozet*, *Ramond*, *Reveille*, *Seguié*, *Thoſailles*, *Verolh*.

On me dira peut-être que le mot latin *Miles* que nous rendons en françois par celui de Chevalier, n'a pas toujours annoncé un Gentilhomme, comme l'a prouvé Laroque, Auteur du Traité de la Nobleſſe, & que ce mot peut m'avoir induit en erreur, en multipliant à mes yeux les Gentilshommes de ma Sénéchauſſée ; mais pour ne laiſſer aucun ſoupçon de roture ſur les noms que je viens de citer, je répondrai que la qualification de *Miles* a toujours annoncé un Gentilhomme, quand elle a été précédée de celle de *Noble*, de *Monſeigneur*, de *noble & puiſſant Seigneur*, ou quand celui qui l'a priſe s'étoit qualifié Damoiſeau avant de ſe dire *Miles* : or, je puis prouver que tous les Chevaliers que je viens de nommer, ont conſtamment pris quelqu'une de ces qualifications ; d'ailleurs, le mot *Miles* ne peut guere induire en erreur dans les anciens Actes de ma Province, qui ſont preſque tous écrits en Gaſcon, & où un Chevalier eſt nommé *lo Senhor*, ou *Moſſenhor*, ou *lo noble & poderos Senhor*, *Cabalié*.

(c) La Nobleſſe du Rouergue & du Querci eſt depuis pluſieurs ſiecles à cent cinquante lieues de ſes Souverains, & n'a eu que très-peu d'occaſions de s'en faire connoître. Le Querci ſur-tout plus anciennement réuni à la Couronne, fut encore plus dénué de ſecours que le Rouergue, parce que cette derniere Province, à cauſe du mariage de Cécile de Rodez avec Bernard VI, Comte d'Armanhac, eut plus long temps des Souverains particuliers aſſez puiſſants pour avancer leurs Vaſſaux. Ce mariage fit réunir le Comté de Rodez, & bientôt après les quatre Châtelenies du Rouergue, aux Comtés d'Armanhac & de Feſenſac.

(d) Le Pape Jean XXII étoit fils d'un Gentilhomme de Caors, & non d'un Savetier, comme l'ont écrit pluſieurs Hiſtoriens.

(a) Les

(*e*) Les Maisons de *Gozon* & *de Lavalette-Parisot* ont donné des Grands Maîtres à l'Ordre de Saint Jean de Jérusalem ; la premiere à Rhodes & la seconde à Malthe. La Croix de l'Ordre que le Grand Maître actuel a accordée à M. *le Marquis de de Lavalette-Parisot., Seigneur de Lalbenque en Querci* , attefte qu'il eft de la même famille que le Grand Homme qui défendit l'Ifle de Malthe contre toutes les forces de l'Empire Ottoman. *La Maison de Gozon* , qu'on croyoit éteinte depuis deux fiecles , exifte encore en Querci ; *M. de Gozon* , *Seigneur d'Ays* , & *Dieu-donné de Gozon fon fils âgé de quatre ans* , font les feuls repréfentants connus de cette illuftre famille ; leur branche fut formée en 1475 par Jean de Gozon , fils puîné de Jean II du nom, Seigneur de Gozon & de Melac , & de *Savie d'Efteing fon époufe*. Il fut *Grand Maître de la Maison de Ladiflas VI* , *Roi de Hongrie & de Boheme* ; il avoit époufé *Elifabeth Dogliete de Navarre* élevée auprès d'Anne de Foix qui l'emmena en Hongrie avec fon mari , quand elle époufa le Roi Ladiflas en 1502. Jean de Gozon & fon époufe tefterent & moururent l'un & l'autre en 1506 *au Château de Bude à la Cour du Roi de Hongrie*; & dans les deux Teftaments où le frere de la Reine de Hongrie eft nommé Tuteur de leurs enfants en France , Jean de Gozon eft qualifié *Magnificus & Generofus Dominus Joannes de Gozon* , *Gallus* , *Diæcefis Vabrenfis* , *Generalis Gubernator Domus fuæ Sereniffimæ Majeftatis*. Au moment de la chûte de la Maifon Royale de Hongrie , & peu de temps avant fon entiere deftruction à la bataille de Mohats , où périt Louis le Jeune , dernier mâle de cette famille ; Gillbert de Gozon , fils de Jean & d'Elifabeth de Navarre, revint en France & fe maria avec Cathérine de Gautié , Dame d'Ays en Querci. *François de Gozon* fon frere étoit *Bailli de Manofque* en 1567 , & *Raimond fon fils fut fait Grand Prieur de Touloufe* en 1597. Cette branche a fourni plufieurs autres Chevaliers de Malthe ; j'ai de quoi établir fa defcendance par titres originaux depuis l'an 1370 ; & c'eft le fruit de mon dernier voyage en Rouergue. J'ai vu d'ailleurs au Château de St-Victor près de Millau , chez M. le Marquis de Moncalm , les Actes néceffaires pour porter cette filiation fans lacune jufqu'à l'an 1265 , & par conféquent jufqu'au temps où vivoit le grand-pere du fameux Dieu-donné de Gozon , *Exterminateur du Dragon de Rhodes* , élu Grand Maître de l'Ordre en 1346. L'analyfe de ces Actes a été écrite fur mon Regiftre & fous ma dictée , par le *Sr. Comitis* , édpofitaire des Archives de M. le Marquis de Moncalm , &

D

je les publierai dans le premier volume de mon Nobiliaire.

(*f*) Quelques Ecrivains on cru que le Chevalier Banneret différoit de l'Ecuyer Banneret, par l'étendue ou par la qualité de son Fief; mais c'est une erreur bien reconnue. Tout Gentilhomme qui avoit servi le Roi avec distinction, & qui possédoit assez de Terres pour avoir au-moins cinquante Gentilshommes ses Vassaux, avec les Archers & Arbaletriers nécessaires pour accompagner sa Banniere, pouvoit solliciter la permission de la lever; & il étoit indifférent qu'il fût Ecuyer ou Chevalier. L'Ecuyer Banneret se qualifioit Chevalier, quand ses exploits l'avoient élevé à cet honneur militaire. Je vais en citer un exemple que j'ai actuellement sous les yeux. Le 15 Août 1348, *Arnaud*, *Baron de Montagu*, *Ecuyer Banneret*, fit la montre de treize Ecuyers & de trente Sergents de pied de sa Compagnie. Il n'étoit encore qu'Ecuyer Banneret le 6 Juillet 1358, lorsque le *Prince Noir fit avec lui*, *au nom du Roi Edouard son pere*, un Traité fort honorable pour la Maison de Montagu; mais le 5 Janvier 1368, il avoit obtenu les éperons dorés, puisqu'il est qualifié Chevalier Banneret dans la montre de sa Compagnie datée de ce jour-là. C'est le onzieme ayeul paternel *de M. l'Abbé de Montagu*, *Doyen actuel de l'Eglise de Paris*, & le douzieme ayeul de *M. le Marquis de Montagu*, *Officier au Régiment du Roi Infanterie.*

(*g*) Les Compagnies d'Ordonnance crées par Charles VII firent disparoître les Bannieres, & succéderent aux Troupes commandées par les Ecuyers & Chevaliers Bannerets.

(*h*) On ne pouvoit être fait Sénêchal sans être Gentilhomme. On sait que l'Empereur *Sigismond* étant à Paris en 1415, voulut ennoblir Guillaume *Seignet* en présence du Parlement, parce que *Pestels*, son Compétiteur à l'Office de Sénéchal de Beaucaire, se prévaloit contre lui de sa qualité de Chevalier, & lui reprochoit le défaut de naissance.

(*i*) Pour obtenir les honneurs de la Cour il faut prouver une descendance noble depuis 1400 inclusivement, sans aucun soupçon d'ennoblissement antérieur. Cette preuve qu'on fait devant M. Cherin, exige trois actes originaux par génération avec quelques illustrations, sur-tout dans les premiers degrés. Ces honneurs sont pour les femmes, la présentation; pour les hommes, la chasse avec le Roi & l'entrée de ses carrosses; & pour les deux sexes, la susceptibilité d'être invités aux repas de leurs Majestés & des Princes du Sang.

(*k*) les déchiffreurs à gages qu'on paye pour faire des recherches généalogiques , ruinent les familles en honnoraires
ou en frais de voyage ; & quand ils rencontrent les actes
qu'on leur fait chercher, ils les volent ordinairement , &
les font offrir quelque-temps après par un tiers qui en demande toujours beaucoup d'argent.

(*l*) Parmi les Maisons de l'ancienne Chevalerie originaires du Querci , on doit distinguer celle de *Seguié* qui n'existe
plus , je crois, que dans la personne de M. de Seguié , Avo-
cat Général au Parlement de Paris. La branche de cette il-
lustre famille qui posséda les Terres de *Lalande* & du *Boulve*
en Querci , fondit , il y a 450 ans, dans la maison d'*Orgueil*,
après avoir formé plusieurs rameaux , après avoir donné un
Evêque d'*Elne* & beaucoup de Chevaliers qui prenoient toujours la qualité de *Monseigneur.*

(*m*) Henri IV répondit à ses Officiers qui le pressoient de
sortir de Caors, parce qu'il arrivoit du secours aux assiégés
par la porte de la Barre : » Il est écrit là haut ce qui doit être
» fait de moi en cette occasion. Souvenez-vous que ma re-
» traite hors de cette Ville, sans l'avoir assurée au Parti,
» sera la retraite de ma vie hors de mon corps ; il y va trop
» de mon honneur ; ainsi , qu'on ne me parle plus que de
» combattre , de vaincre ou de mourir ».

(*n*) Sulli a dit seulement dans ses Mémoires, qne *Vezins*
commandoit dans Caors lorsque Henri IV fit sauter les portes de cette Ville ; & son Editeur a ajouté dans une note
marginale (Edition de Londres 1778) que ce Sénéchal fut tué
en chemise au moment de l'attaque, sans quoi il est fort dou-
teux que le Roi de Navarre eût emporté la place.

(*o*) Sully a dit dans ses Mémoires, que Raignés , Gentilhomme de Montauban , lors du massacre de la Saint Bar-
thelemi, échappa , par un espece de miracle , aux mains de
Vezins son plus cruel ennemi ; c'est-à-dire, que *Vezins* voulut profiter de cette malheureuse occasion pour assassiner
Raignés ; heureusement l'Historien de Thou , Auteur contem-
porain , & plusieurs autres, citent la conduite de *Vezins* ,
dans cette effroyable journée, comme un trait de la plus
grande générosité. Au premier moment du massacre , il cou-
rut à son ennemi ; il le déroba au fer des assassins , & le
conduisit en Querci, où il lui proposa de vuider en liberté
une querelle qu'ils avoient eue ensemble. O fortune ! la
postérité masculine de ce Grand Homme , à qui la Reine
Marguerite de Valois disoit dans ses lettres, qu'elle étoit *sa*

C ij

meilleure amie, va finir dans la perfonne de M. l'Abbé de Vezins, Curé de mon Village, plus recommandable encore par fon mérite que par fa naiffance.

(*p*) Laurent de Charri, Gentilhomme ordinaire de la Chambre du Roi, Sénéchal d'Armanhac, & premier Meftre-de-Camp des Gardes Françoifes, ne crut pas pouvoir répondre de la perfonne facrée de fon Maître, fi fon Régiment étoit fubordonné au Colonel Général de l'Infanterie, qu'il regardoit comme un Rebelle ; on prétend même que la Reine, en lui en donnant le commandement, lui avoit promis qu'il ne recevroit jamais des ordres de d'Andelot qui occupoit alors cette place ; il refufa en effet de lui obéir, & menaça de quitter le Service, ainfi que tous les Officiers de fon Régiment. J'ai en main une lettre où *Catherine de Médicis le prie de fervir avec fa Troupe fous le fieur d'Andelot*. Peu de temps après, elle lui en écrivit une feconde, où elle ne lui parle plus de cette fubordination ; elle le preffe feulement de venir au fecours du Roi fon fils qui fe trouvoit peu accompagné au milieu de fes ennemis. Charri vola au fecours de fon Maître ; mais il fut affaffiné prefque en arrivant à Paris. Ses affaffins étoient au nombre de huit, dont fept étoient Gentilshommes & Officiers Militaires ; ils avoient à leur tête l'Enfeigne & le Maréchal-de-Logis de la Compagnie d'Ordonnance du fieur d'Andelot. On eft auffi furpris que fâché de trouver parmi ces affaffins le jeune *Mouvans* qui fut depuis un Grand Homme. Ils furent tous condamnés à mort par deux Sentences du *fieur de la Trouffe*, *Prévôt de l'Hôtel*, & à payer aux héritiers du malheureux Charri 15000 liv. de dommages & intérêts qui ne furent jamais payées. Je dois avertir, à ce fujet, qu'il faut lire avec précaution le nouveau Dictionnaire des Grands Hommes. On y donne à Charri le nom de Jacques Prévôt fieur de Charri, Gentilhomme du Languedoc : or, Prévot eft juftement le nom du Chef de fes affaffins ; il eft nommé dans la Sentence de mort, *Honorat Prévot fieur de Chatelliers*, Enfeigne de la Compagnie du fieur d'Andelot, Colonel Général de l'Infanterie..... Charri étoit né au Chateau de Charri près de Moncuq en Querci, du mariage de Pons de Charri & de Peyronne de Gautié-Labaftide. Il fut affaffiné le 31 Décembre 1563.

(*q*) M. *le Vicomte de Touftain*, à qui il fied fi bien, à tous égards, d'écrire fur la Nobleffe, nous rappelle dans fon Projet d'un Tribunal Héraldique, les temps heureux où la maifon de nos anciens Seigneurs étoit un azyle pour les jeu-

nes Gentilshommes fans fortune. » De combien d'autres ref-
» fources & d'appuis n'a-t-on pas , dit-il , privé cet Ordre
» précieux (*la Nobleffe*) en faifant ceffer la commenfalité
» fraternelle que la Nobleffe riche & puiffante pratiquoit en-
» core fous la minorité de Louis XIV envers la Nobleffe
» foible & pauvre ? Commenfalité louable & généreufe que
» certains déclamateurs ont décriée comme une domefticité
» fervile ».

On a fouvent mis en queftion fi la qualification de *Damoifeau* , en latin *Domicellus* , n'annonçoit pas un defcendant de
Chevaliers , & une naiffance plus ancienne ou plus illuftre que
celle de Noble ou d'Ecuyer. Les Formules de *Marculfe* nous
apprennent que fous la premiere race de nos Rois , le mot
Domicellus fignifioit le fils du Roi ; il confervoit encore cette
fignification en Angleterre vers le milieu du onzieme fiecle ,
comme on le voit dans les Loix du Roi S. Edouard le Con-
feffeur ; mais à cette époque les Normands & les François
avoient déja donné la qualification de Damoifeau aux fils
des grands Vaffaux & des Barons ; & je puis prouver que
depuis cinq cents ans , dans les Provinces méridionales de
la France , on employa indifféremment , pour défigner un
Gentilhomme , les mots latins *Nobilis* & *Domicellus* , ou les
mots gafcons *Noblé* & *Donzel* ou *Dauzed*. Je citerai à l'ap-
pui de cette opinion plufieurs exemples d'Ennoblis à la fin
du treizieme fiecle & au commencement du quatorzieme ,
qui , à compter du jour de l'expédition de leurs Lettres ,
fe font conftamment qualifiés *Damoifeaux* , comme les defcendants des plus illuftres Chevaliers. On a rarement em-
ployé dans ma Province le mot françois Ecuyer , avant le
milieu du feizieme fiecle , où il fut ordonné aux Notaires
d'écrire leurs actes en françois ; jufques-là ils n'écrivoient
guere qu'en patois du pays , & fe fervoient conftamment
des mots *Noblé* & *Donzel*, pour défigner un Gentilhomme :
cependant le mot *Nobilis* n'a jamais été fynonime de *Domicellus* ni de *Scutifer* ; la preuve en eft en ce que la qualification de *Miles* ou Chevalier pouvoit bien être précédée
de celle de *Nobilis* , mais jamais de celle de *Domicellus* ou de
Scutifer , en françois , Ecuyer.

(*r*) Les éperons dorés étoient une diftinction réfervée
aux feuls Chevaliers.

(*s*) On eft quelquefois furpris de voir certaines places
accordées à des familles qu'on ne croyoit pas faites pour
les occuper ; mais , en remontant à la fource , on trouve

le mot de l'énigme dans une feule expédition d'un certain acte admife par les Commiffaires chargés de recevoir la preuve que ces places exigent ; ou bien dans cette même expédition produite lors de la recherche générale des faux Nobles , & fur laquelle un adroit ufurpateur obtint un jugement de maintenue , qui donne à fa poftérité l'aptitude aux places deftinées à la Nobleffe.

M. le Vicomte de Touftain , pour épargner à fes pareils les frais & l'embarras des preuves où l'on n'admet que des originaux , voudroit que l'on reçût les copies en bonne forme des actes établiffant filiation ;, mais il propofe des précautions à prendre qui mettroient le Commiffaire à l'abri de la furprife ou tout au-moins du reproche. La grande publicité qu'il voudroit donner à toutes les preuves de nobleffe & à la forme des actes qu'on y auroit employés , compromettroit l'honneur des Gentilshommes qui auroient eu la baffeffe de produire des actes contrefaits ou de figner un faux , & garantiroit la circonfpection & la délicateffe de tous les autres. M. le Vicomte de Touftain voudroit auffi qu'on n'exigeât qu'un feul acte par génération ; & il faut convenir qu'un feul acte établiffant filiation , quand on peut s'affurer de fon authenticité , conftate la naiffance d'un Gentilhomme auffi irréprochablement que cent. J'ignore ce que répondroit M. Cherin à quelqu'un qui lui demanderoit pourquoi il en exige trois ; mais fi j'étois chargé de fa befogne , voici quelle feroit ma réponfe dictée par ma propre expérience. Les Edits & Déclarations de nos Rois concernant la Nobleffe avoient tellement provoqué la vanité des faux Nobles & les talents des fauffaires pendant les deux derniers fiecles, qu'on ne peut prendre trop de précautions contre les faux actes qu'ils nous ont laiffés. Plufieurs defcendants des ufurpateurs qui employerent avec fuccès la plume de ces hommes dangereux , font aujourd'hui fi peu inftruits & de fi bonne foi, qu'ils préfentent à-la-fois deux contrats de mariage de leur cinquieme ou fixieme ayeul , datés du même jour , & réellement fignés du Notaire recevant , dans l'un defquels cet ayeul eft dit Marchand ou Procureur, & dans l'autre il eft qualifié Noble. Comme tous ces fauffaires étoient perfuadés qu'un contrat de mariage & un teftament fuffifoient pour établir une génération , ils ne firent pour chaque tête , qu'un teftament & un contrat de mariage ; & c'eft pour rendre leur travail inutile , qu'on demande un troifieme acte. Il eft bien malheureux fans doute pour le

descendant d'un ancien Chevalier qui rapporte le testament
& le contrat de mariage de son dixieme ayeul en bonne
forme , d'être exclus des carrosses du Roi , parce qu'il ne
pourra pas trouver un troisieme acte de la même date ; mais
comme M. Cherin a probablement plus à cœur de ne faire
présenter au Roi aucun usurpateur, que de lui faire présenter tous les anciens Gentilshommes de France , il s'en tient
au parti le plus sûr.

Le Nobiliaire général dont M. le Vicomte de Touſtain a
donné le plan , seroit sans doute de la plus grande utilité
pour toute la Noblesse du Royaume ; il la dispenseroit à
jamais de ces recherches ruineuses ; il rendroit presqu'inutile
la plume des faussaires ; car quand on auroit publié le dernier testament d'un Gentilhomme , & la transaction passée
sur sa succession entre ses héritiers collatéraux , quel im-
posteur mal adroit oseroit se faire descendre de lui ? mais
que d'usurpations de nom on découvriroit ! que de gens puiſ-
fants auroient intérêt à empêcher la publication de cet Ouvrage ! Si jamais on l'ontreprend, & que des difficultés in-
surmontables en arrêtent l'exécution, on voit bien d'où par-
tiront ces difficultés.

(*t*) La Maison Ducale de Durfort-Duras , originaire du
Querci , & qui doit occuper une place si distinguée dans mon
Nobiliaire , offre un exemple singulier de cette multiplicité de
noms dans une seule famille ; il faudroit des pages entieres
pour écrire tous ceux qu'elle porta dans les onzieme,
douzieme , treizieme & quatorzieme siecles.

Indépendamment de plusieurs volumes de notes que j'ai
recueillies concernant les maisons actuellement existantes
dans la Haute-Guienne , j'en ai beaucoup, comme je l'ai déja
dit , qui regardent des familles presque toutes originaires de
cette Province , mais dont je ne connois pas la postérité ; elles
se retrouveront peut-être dans d'autres contrées , & peut-être
dans cette Province même ; c'est pour elles que je vais
publier la liste suivante ; il y en a plusieurs pour lesquelles
je pourrois établir une filiation de trois ou quatre cents ans.
Je donnerai communication de ces notes moyennant une au-
mône qu'on fera à mes Pauvres.

NOMS de quelques Maisons qui, dans l'intervalle de 1130 à 1330, ont presque toutes donné des Chevaliers qui prenoient la qualité de Monseigneur.

A Lbert,
Athon,
Arnald,
Arnaud,
Aymer,
Aramont,
Ste-Arthemie,
Antejac,
Amerius,
Allart,
Auti,
Bonis,
Boisse,
Bar,
Balaguie,
Brulh,
Beralh,
Bertrand,
Bugat,
Bernard,
Beaupui,
Barate,
Beauville,
Bolaric,
Carle,

Carces,
Combret,
Cayriech,
Cazeneuve,
Cardalhac,
Cassehs,
Caussade,
Cornac,
Constantin,
Casalelhs,
Clusel,
Corts,
Castel,
Coissel,
Caylus,
Combabonet,
Donazac,
Delart,
Delbosc,
Dubois,
Desprès,
Dejean,
Ebrard,
Falguieres,
Fauré,

Fabri,
Francs,
Floiras,
Favols,
Falgarole,
Ferriere,
Foffat,
Gordon,
Gibrac,
St-Geniés,
Genibrede,
Guilhamat,
St-Geri,
St-Gile,
St-Jean,
L'Olmie,
Lefpinaffe,
Lagarde,
L'Ifle,
Lufech,
Lamothe,
Labruguede,
Livaft,
Letes,
Lefergues,
Lamer,
Labanhac,
Laftours,
Laperarede,
Malmon,
Morlhon,
Monlezun,
Mondenard,

Marco,
Moncuq,
Miramon,
Madalhan,
Monceffou,
Moyne,
Noalhac,
Narcés,
Niveuval,
Nogés,
Narazac,
St-Nazaire,
Orgueil,
Pene,
Padene,
Pojols,
St-Peyreavals,
Planels,
Puibarfac,
St-Privat,
Pomiers,
Rovinhac,
Rominhan,
Reveille,
Ramond,
Rions,
Saiffet,
Seguié,
Thofailles,
Tarnad,
Tefac,
Verolh.

NOMS de quelques Maisons auxquelles je puis donner des notes dans l'intervalle de 1330 à 1560, & dont plusieurs ont donné des Chevaliers dans les quatorzieme & quinzieme siecles. Quelques-unes de ces Maisons sont de la plus ancienne Chevalerie ; mais je n'ai des notes qui les concernent que depuis l'an 1330.

A Blac,
Albert de Laval,
Apremont,
Ays, Ayts,
Aravent,
Agambert,
Arpajon,
Amberard,
Auftroloine,
St-Amans,
Amier,
Aymié,
Auger,
Apchier,
Aymar,
Arbieu,
Aynart,
Audebert,
Anneval,
Aubeze,

Aynac,
Auriac,
Anglars,
Affier,
Annoles,
Alugue,
Agaffe,
Bofquet,
St-Bodilh,
Baufe,
Beynac,
Burgal,
Bodi-Bodin,
Baffet,
Boiffet,
Beraud,
Boulard,
Boudre,
Bules,
Boudilh,

Belvezer,
Barafc,
Belaic,
Cayrels,
Cazeles,
Cabafac,
Cahufac,
Caftelbajac,
Cadrieu,
Caumont,
Cantor,
Caftelpers,
Caraman,
Camus,
St-Clair,
Carof,
Caftelverdun,
Cluni,
Cafillac,
Campagnete,
Cofnac,
Capdenac,
Cazeton,
Coderc,
Condamine,
Colombi,
Caubat,
Chalofe,
Caylouat,
Cloupdat,
Comarque,
Cambis, 1335,
Coralhes,

Cocuron,
Ste-Cécile,
Corneli,
Conduchier,
Cazete,
Durencs,
Dayrac,
Deshoms,
Dupin,
Dupui,
Ducayla,
Dupré,
Delinquet,
Daudé,
Dante,
Deveze,
Delport,
Defcanhe,
Degran,
Dumas,
Demur,
Ducaufet,
Duclaux,
Duclufel,
St-Etienne,
Efcaville,
Efterli,
Efcandalhac,
Fénélon,
Félénon,
St-Félix,
Fédilion,
Ferrand,

Falgat,
Falgar,
Farmond,
Flamazels,
Fages,
Falartigue,
Flotte,
Foiffac,
Gordieges,
Gibrac,
Garceval,
Guerci,
Geyrac,
Gari,
Gramat,
Gamel,
Guiot,
Guerre,
Goudour,
St-Germain,
Graulié,
Honart,
Hovart,
Jaquet,
Jacques,
St-Jacques,
St-Julien,
Laboiffiere,
Lezir,
Liniere,
Lagrange,
Lufenfon,
Luftrac,

Laborme,
Labadie,
Leres,
Lambert,
Lapeze,
Lachapelle,
L'Etrange,
Labrunie,
Landets,
Laurets,
Latampe,
Laramiere,
Loberes,
Latote,
Leyge,
Laboiffonade,
Labarthe,
Lunel,
Lagreze,
Lapeyriere,
Lacrofe,
Lombard,
Launac,
Lunon,
Marfa,
Monlaur,
Monclar,
Malleville,
Mir,
Montolieu,
Monmejan,
Mafre,
Montufclat,

Mazeda,
Maleterre,
Maſſaut,
St-Martial,
Mechmon,
Monvalra,
Maynart,
Monbeton,
Monfavés,
St-Mathieu,
Montagudet,
Meric,
Manas,
Mirabel,
Marcenac,
Monenhs,
Monrodat,
Monrevel,
Monraiſſan,
Mauroux,
Navarre,
Naves,
Nojan,
Popian,
Panaſſac,
Peyralade,
Parazols,
Pagua,
Pélegrin,
Pramet,
St-Paul,
Pons,
Puybayart,

Pauchelli,
Perpouchié,
Perdigal,
Puybeton,
Roger,
Ricard,
Rigal,
Rozieres,
Romefort,
Rampoux,
Redole,
Segui,
Sermet,
Saus,
Sales,
Signor,
St-Sirgue,
Salazar,
Salviac,
Tubiere,
Tardieu,
Tayac,
Truffé,
Ulmet,
Vaux, de Vaux,
Valon,
Vairols,
St-Vincent,
Viſquieres,
Veyrieres,
Vayrac,
Vaillac,

Vignaux,
Vabre,
Ver,

Virac,
Vendac,

On doit obſerver que ces noms, ainſi que ceux de la premiere liſte, ne regardent que des Maiſons dont je ne connois pas la poſtérité, mais qui ont anciennement exiſté dans la Haute-Guienne, & dont pluſieurs y exiſtent peut-être encore.

F I N.

JOURNAL

DE LANGUEDOC.

Provincia, *viris*, *opibus*, *frugibus memoranda.*
MARTIANUS CAPELLA, Lib. VI.

TABLEAU DU LANGUEDOC.

LE plan de l'Ouvrage que nous avons formé le vœu de confacrer à notre Patrie, fe trouve fuffifamment développé dans le *Profpectus* qui a été répandu. Ce plan eft fi vafte, que, malgré notre zèle, il excédera fans doute nos forces ; mais quand nous ne viendrions à bout d'élever qu'une partie du monument dont nous avons conçu le projet, nos travaux atteindroient toujours le but que nous nous fommes propofés, celui d'être utile : & du moins il nous refteroit le mérite & la fatisfaction d'avoir ouvert une nouvelle carrière, que d'autres parcourront plus dignement ; d'avoir établi, en quelque forte, des *Archives nationales* où feront dépofés les matériaux de l'hiftoire phyfique, naturelle, civile, économique & littéraire de la Province.

Année 1787. *Tom. I.*   A

Par une fuite naturelle de notre plan, il convient que nous donnions d'abord une idée générale du Languedoc. Nous plaçant donc à une diftance moyenne des objets, nous allons en tracer une efquiffe rapide, où, grouppés en maffes principales, ils formeront un tableau dont l'enfemble, facile à faifir, intéreffera également les fpeftateurs de toutes les claffes. Ici nous ne pouvons préfenter que de fimples réfultats ; les rapports généraux, fous lefquels nous avons à confidérer le Languedoc, feront autant de centres particuliers où viendront fucceffivement fe réunir les détails inépuifables relatifs à la conftitution phyfique & morale de cette Province.

Afin de rendre plus intelligible la defcription que nous allons faire du Languedoc, nous avons cru devoir inférer dans ce cahier une carte très-exafte de cette Province, enluminée fuivant les divifions intérieures par Diocèfes. Elle aidera nos lefteurs à embraffer d'un coup d'œil tous les afpefts fous lefquels ce beau Pays va leur être préfenté.

Le LANGUEDOC, *Occitania*, qui a TOULOUSE, *Tolofa*, pour capitale, eft une des plus vaftes Provinces, des plus fertiles & des plus heureufement fituées au midi du Royaume. Il eft compris entre le 18e. degré 39 minutes, & le 22e. degré 30 minutes de longitude, & entre le 42e. degré 40 minutes, & le 45e. degré 12 minutes de latitude, fous les 7e. & 8e. climats feptentrionaux d'heures.

Le Languedoc eft borné à l'orient par le *Rhône* qui le fépare du Dauphiné, du comtat d'Avignon & de la Provence. Au midi, il eft limité par la mer Méditerranée, depuis l'embouchure la plus occidentale du Rhône, jufqu'au cap de Salces. La plage a plufieurs caps, entr'autres celui de Cette

& celui d'Agde. Elle a encore plufieurs ouvertures ou *graux*, par lefquels la mer communique aux étangs de Thau, de Frontignan, de Maguelonne, de Pérols, de Mauguio, de Vendres, de la Nouvelle, de Palme & de Salces ou Leucate.

C'eft une chofe digne de remarque, que la nature ait pourvu à la sûreté de cette Province, du côté de la mer, par ces étangs qui, depuis Aiguefmortes jufqu'à Leucate, forment une ligne de circonvallation, qui met le pays à l'abri des defcentes.

De ce côté, le Languedoc confine aufii avec le Rouffillon, le Conflans, la Cerdagne Françaife, le comté de Foix, le Couferans & le Comminges. Au couchant le Languedoc eft terminé par la Bigorre, le Nébouzan, l'Armagnac, & en partie par la Garonne. Au feptentrion le Languedoc eft renfermé par le Querci, le Rouergue, l'Auvergne & le Forez.

D'un côté, le Languedoc s'étend du nord au fud, depuis les frontières du Forez & du Lyonnois, jufqu'à la Méditerranée, à la droite du Rhône; & de l'autre, de l'eft à l'oueft, depuis le Rhône jufqu'à la Garonne: il forme ainfi deux larges branches, dont la réunion, à peu près à angle droit vers l'embouchure du Rhône, produit une efpèce d'équerre.

De ces deux branches, la première qui fuit la direction des méridiens, occupe dans la plus grande longueur deux degrés de latitude, depuis le 43e. degré 20 minutes, jufqu'au 45e. degré 20 minutes; & dans la plus grande largeur, environ 2 degrés de longitude, depuis le 20e. degré 40 minutes, jufqu'au 22e. degré 30 minutes. L'autre branche, qui fuit la direction des parallèles, s'étend dans fa plus grande longueur depuis le 19e. degré

de longitude jufqu'au 22ᵉ. degré 30 minutes; &
dans fa plus grande largeur, depuis environ le 43ᵉ.
degré de latitude, jufqu'au 44ᵉ. degré 10 minutes.
L'angle intérieur que forment ces deux branches
vers le milieu de la Province, eft occupé par le
Rouergue. C'eft dans cet endroit que le Languedoc
eft le plus refferré, n'y ayant que 15 lieues (*)
d'Agde, placé au bord de la mer, jufqu'aux frontières du Rouergue.

Le Languedoc a 43 lieues dans fa plus grande
largeur prife depuis le grau de la Nouvelle près de
Narbonne, jufqu'au confluent du Tarn & de la
Garonne, au nord-oueft de Caftel-Sarrazin. Il a
84 lieues dans fa plus grande longueur, mefurée
depuis Limony à la pointe du Vivarais, fur le
bord du Rhône, confin du Forez, jufqu'à l'extrémité la plus occidentale du Diocèfe de Rieux.

La furface du Languedoc eft d'environ 2140 $\frac{3}{4}$
lieues carrées, dont la longueur eft de 25 au degré, ou de 2282 & $\frac{2}{5}$. Ainfi, cette Province contient le douzième & demi, à peu près, de la fu-
perficie totale du Royaume.

Le Languedoc eft parfemé d'un enchaînement
& contiguité de montagnes, qu'on peut regarder
comme la fuite des Pyrénées & des Alpes. En
effet, les montagnes des Cevènes & du Vivarais
ne font féparées que par le Rhône de celles du
Dauphiné, qui font une ramification des hautes
Alpes. Les montagnes du Languedoc font partie de
la grande chaîne phyfique, qui, partant d'Afrique,
entre en Efpagne par le détroit de Gibraltar, forme
les monts Pyrénées; & prenant fa direction du fud
au nord de la France, qu'elle parcourt dans toute

(*) Ces lieues font de 25 au degré, ou de 2282 toifes $\frac{2}{5}$;
celles de Languedoc font de 19 au degré, ou de 3000 toifes.

fa longueur , fépare le Rouffillon du comté de Foix , pénètre des baffes Pyrénées en Languedoc, traverfe le canal royal à la voulte de Malpas; après quoi , fe recourbant vers le nord , cette chaîne paffe à la montagne-noire, fituée dans le Haut-Languedoc entre Saint-Pons & Caftres , divife le Rouergue des Cevènes , fe prolonge en Gévaudan, & y forme un grouppe auquel font liées les montagnes du Rouergue , de la Haute-Auvergne , du Velai & du Vivarais. De ce plateau partent , en patte d'oie , une branche & plufieurs rameaux qui féparent les baffins de l'Allier , de la Loire , de la Dordogne , du Tarn , du Lot, de l'Ardèche , &c., ces baffins principaux fe ramifiant en une infinité de baffins du fecond & troifième ordre ; de forte que tout le refte de la Province eft mêlé de côteaux , de vallons & de fort belles plaines , qui la rendent auffi agréable à la vue , qu'elle eft abondante en productions & récoltes de toute efpèce.

En général, toutes les terres fituées au levant de cette maîtreffe chaîne font inclinées vers la Méditerranée où elles portent le tribut de leurs eaux : & les terres placées au couchant de cette même chaîne font inclinées vers l'Océan.

Le Rhône & la Garonne font les deux rivières principales qui arrofent le Languedoc , mais feulement à fes deux extrémités; le Rhône à l'orient, & la Garonne à l'occident : l'une & l'autre font navigables , & d'une très-grande utilité pour le commerce & l'exportation des denrées de la Province.

Les autres rivières confidérables , dont le Languedoc eft arrofé, font : l'Erieu , qui fort du Haut-Vivarais fur les frontières du Velai, entre Tournon

& le Puy , & va fe jeter dans le Rhône près de la Voute , à deux lieues au-deſſous de Valence. Il fert à faire flotter des bois. L'Ardèche a auſſi ſon cours dans le Vivarais , & ſe joint au Rhône au-deſſus du Pont-Saint-Eſprit.

Le Ceze, qui prend naiſſance dans le Dioceſe d'Uzés , qu'il traverfe, & va fe perdre dans le Rhône vis-à-vis d'Orange.

Le Gardon, qui deſcend des montagnes du Gévaudan, traverfe le Dioceſe d'Alais, partie de celui d'Uzés qu'il fépare du Dioceſe de Nifmes , & fe jette dans le Rhône au-deſſus de Beaucaire. Sur cette rivière on admire le célèbre pont du Gard , à trois rangs d'arches l'un ſur l'autre , faiſant partie de l'aqueduc conſtruit par les Romains , pour conduire d'Uzés à Nifmes les eaux de la fontaine d'Eure.

Le Viſtre , qui a ſa ſource à une grande lieue nord-eſt de Nifmes , arrofe le Dioceſe de ce nom , & mêle ſes eaux à celles du Vidourle qui ſe jette dans l'étang de Mauguio. Le Lez traverfe une partie du Dioceſe de Montpellier où il prend naiſſance, & fe jette dans l'étang de Pérols. L'Hérault , qui fort du Dioceſe d'Alais , le divife , ferpente dans ceux de Beziers & d'Agde , & a ſon embouchure dans la Méditerranée au-deſſous d'Agde. L'Orb, ou l'Orbe, vient des montagnes voifines du Rouergue, traverfe le Dioceſe de Beziers , & ſe jette auſſi dans la Méditerranée , au grau de Sérignan.

L'Aude fort des Pyrénées , traverfe le Donnezan, le pays de Sault, les Dioceſes d'Aleth , de Carcaſſonne & de Narbonne, & ſe jette également dans la Méditerranée au ſud-oueſt des bouches de l'Orbe. La Leze, qui traverfe le Dioceſe de Rieux, & ſe jette dans l'Ariège près de Clermont, Dioceſe de Touloufe. L'Ariège ou Oriège fort du comté de Foix, dans une vallée des Pyrénées ; & après avoir arrofé le Diocèfe de Pamiers, il reçoit le grand Lers près de l'Abbaye de Boulbonne, & va fe joindre à la Garonne près de Vieille-Touloufe. Le petit Lers fort du Diocèfe de Mirepoix, d'où il arrofe celui de Touloufe, & va fe perdre dans la Garonne, au-deffous de cette Ville, vis-à-vis de Grénade.

Le Tarn, qui prend fa fource fur la montagne de la Lozere en Gévaudan : il traverfe le Rouergue, d'où rentrant dans le Languedoc, il paffe à Alby, & reçoit à Saint-Sulpice les eaux de l'Agoult, groffies de celles de l'Adou ; de là il paffe à Montau-ban, & fe jette dans la Garonne au-deffous de Moiflac, aux confins de la Guienne & du Languedoc. Cette rivière eft fort confidérable, fur-tout depuis fa jonction avec l'Agoult qui defcend de la montagne-noire, paffe à la Salvetat, Roque-courbe, Caftres & Lavaur.

Le Lot fort du Gévaudan, ainfi que la Trueyre. Ces deux rivières fe joignent dans le Rouergue, & fe jettent dans la Garonne, après avoir par-couru le Quercy & l'Agenois. L'Allier qui fort du Gévaudan, parcourt les lieux limitrophes entre les Diocèfes de Mende, de Viviers & du Puy, traverfe l'Auvergne & va fe jeter dans la Loire, au-deffous de Nevers en Bourbonnois. Enfin, la Loire, qui a fa fource au Gerbier-de-Jonc dans le Haut-Vivarais, traverfe le Velay, le Forez, le Bourbonnois, l'Orléanois, la Touraine, l'Angou-mois, & va fe jeter dans l'Océan au-deffous de Nantes. Ce font les principales rivières du Lan-guedoc ; mais il en a encore une infinité d'autres moins confidérables, qui arrofent & fertilifent les campagnes de cette Province.

Outre ces rivières, il y a auffi le canal royal de la jonction des deux mers, qui partage le Lan-

A 4

guedoc , & dont nous parlerons ailleurs plus en détail, ainſi que des différens ports de la Province-

Dans le Haut-Languedoc, le climat eſt doux & tempéré : les fréquentes pluies qui y tombent empêchent que les chaleurs y ſoient exceſſives , & contribuent beaucoup aux récoltes qu'on y fait de toutes ſortes de fruits. Cette partie de la Province eſt d'ailleurs très-abondante en bleds ; & rarement les terres y fruſtrent les eſpérances du cultivateur. Le Bas-Languedoc n'a pas les mêmes avantages , ni du côté de la fertilité, ni du côté du climat : ce n'eſt pas cependant que ce ne ſoit un très-beau & très-bon pays ; le climat y eſt fort chaud en été ; & il le ſeroit encore davantage , ſans un petit vent de mer appelé *garbin* , qui rafraîchit beaucoup l'air depuis dix heures du matin juſqu'à quatre heures après midi. Les hivers ne laiſſent pas d'y être ſouvent très-froids , à cauſe du voiſinage des montagnes des Cevènes , qui ſont couvertes de neige. Lorſque le vent fouffle de ce côté , il porte dans la plaine un froid très-vif & très-perçant. Il n'y a preſque point de printemps ni d'automne : on paſſe tout d'un coup du froid aux chaleurs , dès que les neiges ont diſparu. Cela n'empêche pas cependant qu'à l'exception des parties montagneuſes , le climat du Bas-Languedoc ne ſoit auſſi tempéré que dans aucune autre province méridionale du royaume. Il eſt d'ailleurs par-tout, ſoit dans le Bas , ſoit dans le Haut-Languedoc , très-ſain & très-agréable , excepté dans certains cantons voiſins des marais & des étangs.

Si le Bas-Languedoc n'a pas les mêmes avantages pour la bonté du terroir qui ordinairement y eſt ſec & aride , il en a d'autres équivalens par les différentes eſpèces de récoltes qui y croiſſent , ſe ſuccèdent les unes aux autres, & donnent preſque toujours à travailler avec profit. Au mois de mai, on y fait des vers à foie, & la toifon des bêtes à laine ; enfuite on coupe les foins qui font affez rares. On commence la récolte des menus grains au mois de juin, & l'on fait enfuite celle du bled. Les vendanges y donnent, aux mois de feptembre & d'octobre, de bons vins & en grande abondance. Dans les pays de montagne, on cueille les châtaignes au mois de novembre, & les olives dans toute la plaine. Les beftiaux dont les montagnes font remplies, fourniffent beaucoup de viande, de beurre, de fromage, &c. &c.

La minéralogie du Languedoc eft extrêmement variée : on y trouve des montagnes granitiques, fchifteufes, calcaires & volcaniques : ces dernières font très-communes dans les Diocèfes d'Agde, de Montpellier, mais fur-tout en Vivarais & en Velai. Ces montagnes renferment des mines de fer, de cuivre, de plomb & argent, dont quelques-unes font exploitées. Les paillettes d'or que roulent l'Ariège, le Ceze, le Gardon & le Tarn, femblent annoncer que ces montagnes récèlent auffi une mine d'or.

Dans plufieurs cantons, il y a des mines immenfes de charbon de terre, qui font d'autant plus précieufes, que la dépopulation des bois & des forêts fe fait fentir plus vivement de jour en jour dans la plupart des Diocèfes de la Province.

De ces montagnes fortent beaucoup d'eaux thermales, dont les plus renommées font celles de Balaruc, de la Malou, de Rennes, de Bagnols, de Vals, de Saint Laurent, &c.

Il n'eft aucune province du royaume où le règne végétal foit auffi riche qu'en Languedoc : dans les feuls environs de Montpellier, on compte plus de 3000 efpèces de plantes. Depuis les kalis & les

algues qui croiffent fur la plage de la mer, le Bo-
tanifte s'élève, par des nuances infenfibles fubor-
données à la dégradation des climats, jufqu'aux
plantes fubalpines qui couvrent les montagnes de
l'Aigonal & de l'Efperou, au Diocèfe d'Alais;
celles de la Lozere, d'Aubrac & de la Margeride
en Gévaudan, & celles du Mézin & du Caïrou
dans le Haut-Vivarais.

Le règne animal n'eft pas moins étendu en Languedoc; mais ce font l'ornithologie & l'infectologie,
qui promettent la plus ample moiffon aux obferva-
teurs; & ces deux parties font encore toutes neuves.

L'heureufe fituation du Languedoc, la fertilité
de fon fol & la douceur de fon climat juftifient
pleinement l'éloge que fait de ce beau pays Pomponius Mela, quand il dit, lib. iii, cap. iv:

Breviterque Italia veriùs quàm Provincia.

Le Languedoc, tel qu'il vient d'être décrit, répond à la partie de l'ancienne Gaule Narbonnoife
qui étoit à l'occident du Rhône, mais n'y répond
pas exactement. D'un côté, il ne comprend pas
le Rouffillon qui faifoit anciennement partie de la
Gaule Narbonnoife; & il comprend, de l'autre,
le Gévaudan & le Velay qui appartenoient à l'A-
quitaine première.

Ceci nous conduit naturellement à préfenter un
abrégé de l'hiftoire du Languedoc, depuis les Gaulois jufqu'à la fin du règne de Louis XIV. Parvenus à cette époque mémorable, nous traiterons
fuccintement de la conftitution eccléfiaftique, civile
& économique de la Province.

La Province qui porte aujourd'hui le nom de
Languedoc, faifoit autrefois partie du pays des Gaules, & comme le refte de cette vafte contrée, elle

étoit divifée en un grand nombre de petits peuples. On les rapporte néanmoins à deux grandes divifions, les *Volces Tectofages* qui occupoient le Haut-Languedoc, & dont Touloufe étoit la ville principale ; & les *Volces Arécomiques*, dont la ville de Nifmes étoit le centre, & qui occupoient le Bas-Languedoc jufques au Rhône.

L'hiftoire de ces peuples ne préfente, ainfi que celle des Gaulois, que des faits généraux, jufqu'au moment où, devenus Province Romaine, ils entrent dans l'hiftoire de ce vafte empire. Avant ce temps, ils ne font connus que par ce qui nous a été tranfmis de leurs fuperftitions, de leur bravoure, de leurs émigrations turbulentes qui portèrent la terreur jufques aux portes de Rome & de Delphes ; que par leurs courfes & leurs établiffemens dans l'Afie mineure, où ils donnèrent leur nom à la Province de Galafie.

Les *Tectofages*, qui habitoient un pays montagneux, femblent avoir été plus adonnés à la guerre ; & les *Volces Arécomiques* s'appliquèrent de très-bonne heure au commerce, à caufe du voifinage où ils étoient de la mer. Narbonne, Agde, Maguelonne offroient des ports commodes & fûrs. Le Rhône, qui recule chaque jour fes embouchures, n'avoit pas encore charrié les fables qui bordent fes côtes, en obftruent les ports, & y forment de vaftes étangs.

Lorfqu'Annibal voulut porter la guerre jufques dans le fein de l'Italie, il eut befoin de traverfer le Languedoc. (An de Rome 535.) Les Romains, de leur côté, avoient intérêt de s'oppofer à fon paffage, & de l'arrêter à cette barrière qu'offre le Rhône par la rapidité de fon cours. Ils envoyèrent des Députés aux *Volces* qui bordoient les Pyrénées, afin de les engager à refufer le paffage à Annibal.

Ceux-ci, affemblés en armes, fuivant l'ufage de la nation, reçurent les Députés de Rome ; mais leur demande, difent nos hiftoriens, parut fi extraordinaire aux Gaulois, qu'elle excita d'abord la rifée, & enfuite l'indignation de toute l'Affemblée. De Perpignan jufqu'aux Alpes, tous les peuples répondirent qu'ils vouloient garder la neutralité : il faut en excepter la ville de Marfeille, dès lors alliée des Romains. Cependant Annibal ne trouva pas des peuples dociles, & le paffage lui ayant été difputé, il fut obligé de combattre & de gagner fucceffivement, ou par de belles paroles, ou par de l'argent, les peuples qu'il trouva fur fa route, jufques à ce qu'il paffa le Rhône malgré les Romains.

Le voifinage de Marfeille infpira aux *Volces* le goût du commerce qui polit leurs mœurs, mais qui, en les amolliffant, les rendit aifément la conquête des Romains, lorfque dans une guerre que les Marfeillois avoient avec leurs voifins, les Romains donnèrent des fecours aux premiers. Le Sénat de Rome, felon une de fes maximes conftantes, profita de cette occafion, pour foumettre des peuples dont il avoit à fe plaindre, & pour tirer avantage d'une guerre qu'il ne fembloit faire que pour le fervice de fes Alliés. Dès-lors, les Volces devinrent une Province Romaine. (An de Rome 634.) Elle fut l'objet des bienfaits de Jules Céfar auxquels fes habitans rendirent de grands fervices dans la fameufe guerre des Gaules ; & d'Augufte, qui confia à fon favori Agrippa le gouvernement de la Gaule Narbonnoife.

Le pays qui s'étend depuis le Var jufqu'à Perpignan, appartenoit aux Romains : ils l'appelèrent la *Province*, dénomination qui eft reftée à une partie de ce pays connu aujourd'hui fous le nom de *Provence*. Les Volces fe gouvernèrent en forme de Ré-

publique & felon leurs lois. Une multitude de familles Romaines vint habiter le Languedoc ; elle
y porta fes ufages , fa langue, fa religion, fes prê-
tres , fes cirques & fes jeux ; & telle fut la liaifon
qui fe forma entre ces deux peuples , que l'on ap-
pela le Languedoc la feconde Italie. Plufieurs de
fes Magiftrats entrèrent dans le Sénat de Rome en
fi grand nombre , que Cicéron leur reprochoit
agréablement d'avoir altéré la pureté de la langue
latine. Un Gouvernement doux , un beau climat, l'e-
xemption des impôts , & les reffources du commerce , rendirent ce pays très-floriffant.

Mais la deftinée des habitans du Languedoc étoit
liée à celle des Romains , & dans les troubles qu'é-
prouva l'Empire livré à des maîtres defpotiques & féroces, ils en fuivirent les réfolutions. Quand enfuite le
Trône de l'univers fut devenu un objet de commerce pour les Soldats , les légions des Gaules &
leurs chefs prirent parti dans ces indignes brigues ,
& la Province eut à fouffrir de ces divifions : elles
ne ceffèrent qu'au règne de Conftantin, où l'Empire Romain prit une face différente.

Si les Empires folidement établis font fujets néanmoins à beaucoup d'inftabilité, que doit-ce être
d'une région particulière que fa pofition & fon
étendue bornée femblent avoir deftinée à recevoir
toujours des maîtres ? La décadence de l'Empire
Romain en expofa les Provinces aux irruptions des
Barbares. Les Vandales , les Suèves , les Alains
traverfèrent les Gaules & les ravagèrent. (An de
J. C. 408.) Ils franchirent enfuite les Pyrénées ,
& inondèrent l'Efpagne où ils fondèrent quelques
états. Les Vifigots les fuivirent de près. Ces peuples, fortis de la Province de Suède que nous ap-
pellons aujourd'hui Gothie , fe débordèrent comme
un torrent fur les contrées qui avoifinent le Da-

nube, & defcendant toujours vers le midi, ils ven-
gèrent l'univers, en s'emparant de Rome fous la
conduite du fameux Alaric. Ataulphe, mari de fa
fœur, entra dans le Languedoc qu'il ravagea; il paffa
en Efpagne; & rappelé dans les Gaules par l'Empereur Honorius, (An de J. C. 418.) il obtint, par
des arrangemens que la foibleffe de l'état rendoit in-
difpenfables, la ceffion d'une partie du midi de la
France, depuis St. Papoul jufques à Bordeaux.
Cette portion de pays étoit divifée en fept Provinces, d'où eft venu le nom fameux de *Septimanie*.
Le refte du pays demeura foumis à Honorius : mais
les Romains le perdirent environ cinquante ans
après, & en 472 les Vifigoths étoient les maîtres
de tout le Languedoc.

Le Royaume des Vifigoths étoit alors très-confidérable, puifqu'il s'étendoit du Rhône jufques aux
extrémités de l'Efpagne, & qu'il occupoit la plupart des pays d'au-deçà de la Loire. Quoique ces
peuples fuffent toujours en armes contre leurs voifins, la Province fut plus heureufe fous le Gouvernement des Vifigoths, qu'elle ne l'auroit été fous
celui des Empereurs, qui, obligés de fe défendre
contre une multitude d'ennemis, ne tenoient les
rênes de l'état que d'une main incertaine. Incapables & de défendre & de protéger leurs fujets, c'é-
toit un bonheur pour ceux-ci de paffer fous la domination des Barbares, qui, à leur tour, étoient
civilifés par les vaincus.

Enfin parut Clovis à la tête des Francs, & fa valeur lui ayant foumis une partie des Gaules, il
porta fes armes jufques à Touloufe dont il s'empara.
(An de J. C. 507.) Ses fucceffeurs eurent avec les
Vifigoths des guerres dont le fort fut inégal : il reftoit à ceux-ci une autre *feptimanie* compofée des
Diocèfes de Carcaffonne, Narbonne, Beziers,

Agde, Maguelonne & Elne, ou Rouſſillon ; car dans cette longue ſuite de guerres, les limites des Etats changèrent ſouvent , & les bornes d'un extrait ne nous permettent pas de ſuivre ces variations.

Ces guerres des Viſigoths & des Français furent interrompues par un ennemi commun, par ces féroces Sarraſins (An 720), qui ſortis des rives de l'Afrique, & appelés en Eſpagne par le Comte Julien, ſoumirent ces belles régions, franchirent enſuite les Pyrénées, & ſe répandant comme un torrent dans l'Aquitaine & le Languedoc, pouſſèrent leurs conquêtes juſques à Niſmes. Eudes, Duc d'Aquitaine, les battit en Gaſcogne, & Charles Martel les détruiſit à la fameuſe bataille de Poitiers. Le reſte de ces braves, mais barbares guerriers, commit encore beaucoup de ravages dans le Languedoc qu'ils occupoient ; mais enfin ils furent entièrement chaſſés par le fils de Martel, par ce Pepin qui monta ſur le Trône des Français. Le Vivarais lui appartenoit déjà ; Niſmes, Uzés, le Gévaudan, Narbonne, Alby, Touloufe enfin reçurent la loi commune ; & ces pays divers acquis des Viſigoths, ou conquis ſur les Sarraſins & les Ducs d'Acquitaine, paſſèrent pour toujours à la couronne de France. (An de J. C. 767.) » Ce n'eſt » pas par droit de conquête, diſent nos ſavans hiſ- » toriens, que la *ſeptimanie* a été unie à la cou- » ronne de France ; mais par un traité ſolemnel, » ſuivant lequel les Goths, qui l'occupoient en vertu » de la ceſſion des Empereurs Romains, la cédèrent » à leur tour aux Français, qu'ils appelèrent à leur » ſecours, pour éviter de vivre ſous la domination » des infidèlés (1) » .

(1) D. Vaiſſette. Abrégé de L'hiſt. de Lang. t. 1, p. 452.

Telle fut donc, jufqu'à ce jour, la deftinée du Languedoc, que du moment où fes peuples eurent perdu leur liberté, ou qu'ils furent fortis de leur état demi-fauvage, ils furent fucceffivement foumis aux Romains, aux Vifigoths, aux Sarrafins & aux Français. L'Empire de ceux-ci, élevé au plus haut point de grandeur fous le régne de Charlemagne, mit cette Province à l'abri, finon de toute invafion, au moins de toute domination étrangère.

Cependant les Etats qui fe formoient des débris de l'Empire Romain, étoient encore mal affurés; & dans la tourmente qu'éprouvèrent toutes les parties de ce grand Corps, les Peuples étonnés ignoroient quelle feroit leur deftinée. L'Europe renfermoit deux fortes de Nations; au midi celles qui avoient des Villes, au nord celles qui n'avoient que des cabanes : au midi, des Peuples toujours prêts à être foumis ; au nord, des Peuples toujours prêts à envahir & à détruire. L'Europe étoit encore loin d'offrir cet afpect tranquille qui eft le fruit d'un équilibre politique. Chacun cherchoit à fe placer, & à fe faire une deftinée ; & l'on voyoit flotter fucceffivement du nord au midi, & du midi au nord, des Nations errantes & armées, dont toute la politique fe bornoit à un brigandage féroce. C'eft ainfi qu'au temps même de Charlemagne, les Normands, embarqués fur de frêles bâtimens, quittèrent les bords glacés de la Norvège; ils infectèrent les côtes de la France, dévaftèrent les campagnes, & mirent les villes au pillage, auffi prompts à fe rembarquer avec leur proie, qu'ils étoient rapides dans leurs courfes. Ces ravages durèrent, à divers intervalles, pendant un fiècle entier : le Languedoc & l'Aquitaine en furent principalement le déplorable théâtre ; & l'on ne put fe débarraffer de ces Pirates inquiets, qu'en leur cédant une

partie

partie de la Neuftrie , qui , depuis lors , a été appelée Normandie.

Par une fuite de cette même inquiétude des Nations , certains Peuples de la Pannonie , toujours
préts à faire la guerre , c'eft-à-dire , à vivre de leur
épée & de leur inconftance , ayant été appelés par
un Roi de Lombardie , nommé Berenger , accouru-
rent à fon fecours contre le Roi de Bourgogne : ils
fuffent venus au fecours de celui-ci , s'il les eût appelés le premier (An 924). Repouffés du côté du
Dauphiné , les Hongrois entrèrent par la Provence,
traversèrent le Languedoc , & le ravagèrent. Tout
périt fous leur glaive ; la plus grande partie des
habitans fut maffacrée ; le refte abandonna le pays
qui refta défert & inculte. Enfin , détruits , en
partie , par une épidémie affreufe , ou par la valeur
de Raymond Pons , Comte de Touloufe , ceux des
Hongrois qui échappèrent fortirent du Languedoc
pour ravager l'Aquitaine. Ce fut la dernière irrup-
tion de Barbares , mais ce fut la plus cruelle.

Les abus du gouvernement féodal , & la foibleffe
des fucceffeurs de Charlemagne préparoient cependant d'autres maux au Languedoc. Cet Empereur
ayant divifé fes vaftes Etats entre fes fils , fes fucceffeurs imitèrent fon exemple. Cette faute étoit
capitale , parce que , dans le fyftème féodal , le Roi
n'étoit au fond que le plus grand Seigneur de fon
Royaume. Les Ducs & Comtes qui relevoient de
lui , devoient tendre naturellement à profiter des
momens de guerre ou de foibleffe , pour devenir
indépendans ; & l'intérêt des Rois étoit par conféquent de conferver de vaftes Etats , & d'agrandir
leur domaine particulier. Lorfque le Roi étoit puif-
fant & refpecté , & qu'il y avoit un intérêt commun dans une guerre projetée , rien n'étoit plus im-
pofant que la Cour militaire du Prince. De très-

grands Seigneurs, fuivis de Gentilshommes leurs
feudataires, qu'accompagnoient d'autres Gentilshommes, fuivis à leur tour de Guerriers qui relevoient d'eux, fe rendoient en armes auprès de leur
Chef. Les efprits étoient exaltés, un même mou-
vement leur donnoit l'impulfion, & comme ces
hommes n'étoient convoqués que pour un temps limité (pour 40 jours), leur impétuofité inftanta-
née franchiffoit tous les obftacles ; & fes ravages
finis, le torrent rentroit dans fon lit. Mais fi le
Prince étoit foible, il étoit néceffairement éclipfé
par les Seigneurs, & ceux-ci afpiroient à fe rendre
entièrement indépendans. C'eft ce qui arriva lorfque, par la foibleffe de Louis le Bègue & de Charles le Simple, les fiefs des grands Seigneurs qui
étoient amovibles devinrent héréditaires. Ci-devant
le Roi les donnoit ; on les nommoit des *bénéfices*,
des bienfaits ; ils étoient la récompenfe des grands
fervices ou des belles actions ; ils n'étoient point
tranfmis en héritage, & par conféquent ils dépen-
doient de la volonté libre du Prince, dont les
Grands avoient intérêt de ménager la faveur. Mais
quand ceux-ci furent parvenus à faire paffer leurs
fiefs à leurs enfans, ils en uférent comme d'un pa-
trimoine qu'ils avoient intérêt d'agrandir ; & s'ils
confentirent encore à en faire hommage à leur Roi,
cet acte folennel n'étoit au fond qu'une dérifion,
ou tout au plus un moyen pour couvrir les ufurpa-
tions qu'ils projetoient.

Telle fut l'origine du grand pouvoir des comtes
de Touloufe, comtes de nom, mais Rois d'effet :
quatre fiècles femblèrent devoir établir leur puiffance, que les Rois de France eux-mêmes confoli-
dèrent, parce qu'ils eurent befoin de leurs fecours.

Cependant ce fyftème de fubdivifion devint général. Les grands Seigneurs inféodèrent les fiefs à

perpétuité ; leurs feudataires fous-inféodèrent , & de degré en degré tout fut morcelé & départi. La vanité de ces temps confiftoit à fe faire fuivre de beaucoup d'hommes : le gentilhomme à cheval étoit efcorté de fes hommes-liges ; & comme la guerre étoit le feul prétexte pour marcher ainfi accompagné, & déployer fa grandeur, il étoit naturel que tout le monde la défirât & l'aimât ; car, dans ces temps de barbarie, le peuple, l'homme à pied , & les laboureurs n'étoient comptés pour rien : ceux-ci, attachés à la glèbe, n'étoient à peu près que des bêtes de fomme dont on trafiquoit, & qui fe vendoient ou s'aliénoient avec les terres.

Comme les paffions, & fur-tout l'amour propre, font le mobile de toutes les actions des hommes, on ne peut pas fe tromper en leur attribuant ces grands faits hiftoriques, dont le vulgaire cherche les raifons dans une politique qui , très-fouvent, n'exifte pas. La vanité de fe faire fuivre de fes vaffaux & arrière-vaffaux fut le motif, trop peu obfervé, qui détermina tant de comtes & de ducs à fe croifer pour la Terre-fainte. La gloire du moment leur fit oublier leurs véritables intérêts ; ils ne s'apperçurent pas qu'ils abandonnoient leur plan d'ufurpation ; qu'ils préparoient de loin aux villes une liberté qui devoit diminuer la puiffance des Seigneurs , & aux Rois le moyen de reprendre une autorité trop long-temps avilie. Une nation toute compofée d'hommes à cheval, devoit néceffairement aimer la guerre , les courfes, les incurfions ; & lorfqu'un motif religieux lui fut préfenté , ces milliers de gentilshommes durent faifir avec empreffement l'occafion d'étaler leur fafte militaire, & de porter au loin une guerre qui , chez eux, ne duroit fouvent que deux ou trois mois. La vanité fut donc réellement le motif fecret des croifades , & la religion n'en fut que le prétexte. B 2

Raimond de Saint-Gilles , comte de Touloufe ,
eut la gloire , infigne alors , de partir le premier
pour la Terre-fainte , accompagné de cent mille
Guerriers (1095). Urbain II , appelé , dit-on ,
par lui & par l'Evêque de Cahors , fe rendit en
France pour échauffer les efprits , & tint à Clermont & à Nifmes deux conciles où la croifade
fut réfolue. Raimond partit avec les autres croifés ;
après bien des événemens ils mirent le fiége devant
Antioche : mais pendant qu'il affiégeoit une ville
qui devoit lui être fi étrangère , on s'emparoit de
fa capitale. Ce fut Guillaume , comte de Poitiers ,
qui envahit le comté de Touloufe. Raymond de
fon côté prit avec les autres chefs , Jérufalem , dont
il refufa d'être Roi. Leurs fuccès , trop exagérés ,
réveillèrent les efprits de ceux des Français qui ne
s'étoient pas croifés. Ce même Guillaume qui avoit
pris Touloufe , partit pour la Terre-fainte , &
Touloufe lui fut enlevée durant fon abfence , par
le fils même de Raymond , par Bertrand qui n'avoit
pu la défendre contre l'ufurpateur. Raymond , qui
ne devoit plus revoir fes Etats , mourut couvert de
gloire en Afie.

Cependant , cette même maifon de Raymond ,
qui avoit fi bien fervi Rome , devint l'objet de fa
haine , lorfque Raymond VI refufa à Innocent III
d'exterminer les Albigeois. Le goût des croifades ,
celui de la guerre , & un zèle extraordinaire pour
la religion compofoient l'efprit de ces temps. On
indique une croifade contre les Albigeois (1209) ;
Raymond VI excommunié , comparoît à Saint-Gilles ,
& n'obtient l'abfolution qu'en fe croifant lui-même
contre fes fujets ; mais trompé par Simon comte de
Montfort , excommunié tour-à-tour & réconcilié ,
forcé de faire une ligue avec le comte d'Aragon &
d'autres Princes , battu enfin par Simon , l'ufurpateur

jouit de ſes Etats par le don que lui en fait le con-
cile de Latran ; & le maître d'une ſi belle Province
eſt mis en penſion chez un bourgeois de Touloufe,
où il vit en ſimple particulier.

Il eſt doux cependant d'apprendre que Raymond
ſe releva de ſa chûte , & qu'aidé de ſon fils, il re-
prit une partie de ſes Etats. Les Touloufains in-
dignés de la tyrannie du comte de Montfort, révin-
rent à leur premier maître, & Simon fut tué devant cette même ville qu'il n'avoit acquife & per-
due que par des barbaries. Le temps approchoit où
le Languedoc devoit retourner pour toujours à la
France. Le fils du cruel Montfort appelle à ſon
ſecours Louis VIII ; celui-ci renonce à pourſuivre
ſes victoires contre le Roi d'Angleterre ; il accourt
en Languedoc, l'inonde de troupes, & ſoumet une
grande partie de la Province. Louis IX acheve cet
ouvrage , & mariant le comte Alphonfe ſon frère
avec la fille unique de Raymond VII , il met fin
à ces longues guerres par un traité célèbre conclu à
Paris en 1229.

Cette époque de l'hiſtoire de Languedoc eſt
digne d'être obſervée ; ici commence un nouvel ordre de choſes. La fureur des croiſades avoit dé-
peuplé le pays de cette nobleffe turbulente & toujours armée, qui ne ſongeoit qu'à agrandir ſes fiefs;
& le nombre des nobles étoit ſi fort diminué , que
l'on fut obligé d'en faire de nouveaux. Les Rois
de France purent enfin avoir une politique. Affran-
chir les ſerfs en ſubſtituant un cens annuel à la ſer-
vitude du corps , donner aux villes des immunités
& des priviléges , affocier à l'impoſition des deniers
publics le tiers-état qui la paye prefque toute , ouvrir les ports , favorifer le commerce & les arts ,
affoiblir les Seigneurs , attirer les grands fiefs à la
couronne pour en venir enfuite aux arrières-fiefs ,

fapper enfin le fyftème féodal fource de guerres &
d'anarchie , c'eft la politique que les Rois devoient
adopter. Louis IX , Philippe le Hardi , Philippe
le Bel & Louis Hutin la fuivirent avec affez de
conftance & d'adreffe. Ils comprirent que la force
du Prince eft dans la multitude des fujets , & fa gloire dans leur bonheur ; que moins il y a d'inégalité
entre les habitans d'un vafte empire , & plus ils
font également heureux ; & que s'il faut des titres
aux grands , il faut aux peuples de la liberté.

Mais ces maximes furent plus apperçues que fen-
ties , & la raifon ne marche point à fi grand pas.
Des malheurs particuliers affligeoient d'ailleurs le
royaume , que les Anglais occupoient , parcouroient
& ravageoient avec des fuccès qui femblent incon-
cevables , quand on n'obferve pas combien nos Rois
étoient mal obéis. Les peuples étoient accablés de
tributs irréguliérement impofés ; les foldats , licen-
ciés quand on manquoit d'argent , fe réuniffoient
fous des chefs , pour dévafter les Provinces ; &
ces châteaux & ces tours dont le pays étoit hériffé ,
leur fervoient de refuges. Le Languedoc fut dé-
ferté par fes habitans appauvris par les monarques
ou dépouillés par les brigans. Ceux-ci fous le
nom de *Routiers* , & raffemblés fous des drapeaux ,
dévaftèrent le Languedoc pendant l'efpace de
trente ans. Ils avoient , pardeffus les troupes nationales , l'avantage d'être toujours fous les armes , &
pour couvrir leurs fureurs , le nom de la protec-
tion des Anglais , qui avoient foumis une partie du
royaume. Les Rois ne pouvoient leur oppofer que
des forces ou inégales , ou divifées ; & l'on fut
obligé de traiter avec eux pour s'en défaire. Le
fyftème féodal gênoit encore la puiffance fouverai-
ne. Enfin Louis XI , qui n'étant que Dauphin avoit
privé les Seigneurs du funefte droit de fe faire la

guerre, leurs défendit de foudoyer leurs vaſſaux & de ſe liguer par une fraternité d'armes, abus barbare d'un mot ſacré. Ce fut le dernier coup porté à la tyrannie féodale, & l'on eut raiſon de dire alors qu'il avoit mis les Rois hors de pages.

Les maximes de nos Rois furent dès-lors, que les appanages ſont des grâces perſonnelles & amovibles, qu'ils ont le droit de conférer les titres & les grades & de les retirer, qu'eux ſeuls ont celui de lever des troupes, & de nommer aux charges & aux offices publics. Ainſi, de même que l'Etat eſt un, la puiſſance fut une & dans une ſeule main, & la volonté du Souverain put s'étendre en un moment d'un bout de ſon empire à l'autre. Les Seigneurs, réduits à n'être que des grands, ſe rapprochèrent du Monarque; les vaſſaux ne furent plus humiliés ou fatigués de leur préſence; les villes affranchies ſe livrèrent à l'induſtrie; & lorſque la renaiſſance des lettres vint diſſiper la barbarie générale, les eſprits plus calmes, purent ſe livrer aux douceurs qui accompagnent la culture des lettres & des arts.

Les guerres civiles, dont la religion fut le prétexte, & l'ambition des grands le véritable motif, perſuadèrent à Richelieu que ceux-ci n'étoient pas aſſez humiliés. Les coups dont il les frappa s'étendirent juſques ſur les peuples, dont alors le ſort étoit plus lié avec celui des grands; & ſes maximes prolongées au delà de leurs juſtes meſures, contribuèrent peut-être, vers la fin du règne ſuivant, à dépeupler le Languedoc que les guerres civiles avoient dévaſté. Cette belle Province s'eſt relevée de ſes ruines; une population abondante, un commerce brillant, des campagnes bien cultivées, des villes dont l'enceinte a doublé, tout y annonce le bonheur; & l'adminiſtration ſous laquelle fes habitans paffent leurs jours, peut être comparée au ciel pur & ferein qui luit fur ces beaux climats.

Il eft indifpenfable, pour l'intelligence de ce qui doit fuivre, de rapporter ici les différentes manières dont on divife le *Languedoc*.

Cette Province renferme vingt-trois Diocèfes : trois Archevêchés, *Narbonne*, *Toulouse* & *Alby*, & vingt Evêchés, *Montpellier*, *Carcaffonne*, *Nifmes*, *le Puy*, *Beziers*, *Uzés*, *Viviers*, *Mende*, *Caftres*, *Agde*, *Saint-Pons*, *Mirepoix*, *Lodève*, *Lavaur*, *Saint-Papoul*, *Aleth*, *Alais*, *Montauban*, *Rieux* & *Commenge*. Il eft vrai que tous ces Diocèfes ne font pas enclavés en entier dans le Languedoc. Une partie de celui de Touloufe & de Rieux eft comprife dans la Gafcogne : près des deux tiers de celui de Montauban font du Querci ; & dans le Diocèfe de Commenge, il n'y a que la feule ville de Valentine qui foit du Languedoc ; mais cela fe trouve compenfé par des portions confidérables des Diocèfes d'Arles, d'Avignon, de Valence, & de Vienne, qui font à la droite du Rhône, & qui font partie du Languedoc.

La feconde divifion de la Province eft celle en trois lieutenances générales, du haut-Languedoc, du bas-Languedoc & des Cevènes. La lieutenance générale du haut-Languedoc comprend onze Diocèfes diftribués en différens pays, favoir : le Touloufain où eft le Diocèfe de Toulouse qui renferme le comté de Caraman, le bas-Montauban & une partie du Diocèfe de Commenge ; l'Albigeois où font les Diocèfes d'Alby & de Caftres ; le Lauraguais, qui fe divife en haut & bas, le haut comprend les Diocèfes de St. Papoul, & le bas celui de Lavaur, & le comté de Foix qui contient une partie des Diocèfes de Rieux & de Pamiers avec le

Donnezan ; le pays de Mirepoix qui comprend le Diocèse de ce nom, la vallée d'Andre, & les pays de Carcassés & Rasés où se trouvent les Diocèses de Carcaffonne & d'Aleth. Dans la lieutenance générale du bas-Languedoc, font compris les Diocèses de Narbonne, Aleth, Saint-Pons, Beziers, Agde, Lodève & Montpellier. Enfin la lieutenance générale des Cevènes eft compofée des Diocèses de Nifmes, d'Alais, d'Uzés & des pays de Vivarais, de Gévaudan & de Vélai, où font les Diocèses de Viviers, de Mende & du Puy.

On divife encore le Languedoc en trois grandes fénéchauffées de Touloufe, de Carcaffonne & de Beaucaire ou de Nifmes. L'ancienne fénéchauffée de Touloufe comprend les Diocèses de Touloufe, Montauban, Saint-Papoul, Mirepoix & Rieux. Celle de Carcaffonne, ceux de Carcaffonne, Alby, Caftres, Aleth, Narbonne, Agde, Beziers, Saint-Pons & Lodève. Enfin, celle de Beaucaire transférée depuis long-temps à Nifmes, ceux de Nifmes, Alais, Montpellier, Uzés, & les trois pays de Vivarais, de Gévaudan & de Vélay ; ces trois anciennes fénéchauffées font divifées en vigueries. Le Languedoc eft auffi divifé en neuf fénéchauffées actuellement fubfiftantes, favoir : de Touloufe, Caftelnaudary, Carcaffonne, Limoux, Beziers, Nifmes, Montpellier, le Puy & Villeneuve-de-Berc.

Une autre divifion du Languedoc eft celle en deux généralités, de Touloufe & de Montpellier. La généralité de Touloufe comprend tous les Diocèses que nous avons placés dans le haut-Languedoc. La généralité de Montpellier renferme les treize autres Diocèses ou recettes du bas-Languedoc & des Cevènes. Depuis long-temps ces deux généralités font adminiftrées par un feul & même Intendant qui réfide à Montpellier.

Dans son étendue, le Languedoc contient environ 2700 Paroisses, & au-delà de 2800 Communautés. La population de cette province peut être évaluée à 1700,000 ames ; ce qui fait 794 habitans, ou à peu-près, par lieue carrée.

C'est ici le lieu de parler des différentes cours & tribunaux qui administrent la justice en Languedoc. L'origine du Parlement de Toulouse remonte jusqu'à l'an 1273 à l'époque de la réunion du comté de Toulouse à la couronne, sous Alphonse comte de Poitiers & frère de Saint Louis. Alors le droit écrit substitué au Gothique fut reçu dans la province. Ce Parlement, d'abord ambulatoire, fut bientôt rendu sédentaire à Toulouse en 1302, & rétabli en 1443. Depuis il a subi beaucoup de translations, de changemens & de réformes. Son ressort, autrefois très-étendu avant qu'on l'eût démembré pour former les Parlemens d'Aix & de Bordeaux, ne comprend plus que les présidiaux suivans établis en 1551, savoir : Auch, Beziers, Cahors, Carcassonne, Castelnaudari, Lectoure, Limoux, Montpellier, Nismes, Pamiers, le Puy, Rodez, Toulouse & Villefranche de Rouergue.

Il y a dans la province quatre siéges prévôtaux, qui jugent souverainement & en dernier ressort les causes de leur compétence. Le Prévot général de Languedoc a son siége établi à Montpellier par édit de 1659.

A Narbonne, Aiguesmortes, Cette & Agde sont des Bureaux d'Amirauté, dont les Juges ressortissent au Parlement.

On rapporte à l'an 1356 l'origine de la Cour des Aides, qui fut créée à Montpellier en 1437, & tint lieu de Parlement jusqu'à ce que celui de Toulouse fût rétabli. Elle fut rendue sédentaire à Montpellier en 1467. La création de la Chambre des Comptes date de 1532 : réunies en 1629 , ces deux Cours n'en ont plus formé qu'une feule.

Les Bureaux des Tréforiers de France de Touloufe & de Montpellier furent établis en 1551.

L'Hôtel des monnoies de Montpellier qui fut établi par Philippe le Bel , a une N pour marque diftinctive : celui de Touloufe emploie une M.

La Bourfe Confulaire de Touloufe fut érigée en 1549 , & celle de Montpellier en 1591.

Il y a auffi une jurifdiction des Eaux & Forêts , & de la Table de marbre , ou grande Maîtrife des Eaux & Forêts en Languedoc. Elle fut établie par édit du mois de janvier 1586 , & par édit du mois de février 1689.

Le Grand-Maître a fous lui neuf maîtrifes parti-culières , favoir : Touloufe , Caftelnaudary , Quillan , Pamiers , St.-Gaudens , Caftres , Rodez , l'Ifle-Jourdain & Montpellier.

A cette énumération doit fuccéder le détail des Etats de la Province de Languedoc.

La véritable origine des Etats n'eft point déter-minée. On trouve des preuves qu'ils s'affembloient déjà avant le quatorzième fiècle ; mais ce qu'il y a de plus certain eft que depuis 1500 les Etats ont toujours été convoqués en la même forme qu'ils le font préfentement: ce fait fe juftifie par les régif-tres de cette affemblée , qui ne remontent pas plus haut.

Anciennement les Etats fe tenoient tantôt dans une ville de la Province , tantôt dans une autre : mais depuis long-temps ils font toujours affemblés à Montpellier.

Le temps de cette affemblée n'eft point fixe : elle fe tient quelquefois à la fin de l'année , quel-quefois au commencement de la fuivante. Sa durée ordinaire eft de 40 jours.

La forme de convoquer les Etats eſt que le Roi fait expédier par le Secrétaire d'Etat ayant le département de Languedoc, des lettres de cachet ſur tous les titulaires des deux premiers ordres, c'eſt-à-dire, du clergé & de la nobleſſe, pour les villes qui doivent entrer aux Etats, & pour les Officiers de la province. Ces lettres ſont envoyées au Gouverneur de la Province ou au Lieutenant-général, ou au Commandant en chef qui doit tenir les Etats. Il les fait diſtribuer par ſes ordres & écrit lui-même à ceux à qui elles s'adreſſent. Tous les députés s'étant rendus au jour marqué, MM. les commiſſaires du Roi (qui ſont ordinairement le Gouverneur ou Commandant en chef de la province & l'Intendant, un Tréſorier de France du Bureau des finances de Touloufe, un autre de celui de Montpellier, un Secrétaire & Greffier pour le Roi aux Etats & un Huiſſier de MM. les Commiſſaires) entrent dans la ſalle où ſont aſſemblés les Etats, dont on fait l'ouverture par la lecture des commiſſions du Roi.

Ces commiſſaires s'occupent pendant l'aſſemblée, ou à recevoir des remontrances des Etats ſur tous les chefs qu'ils ont à propoſer, ou à deux commiſſions : l'une, dans laquelle ils ſont ſeuls, s'appelle la *vérification des dettes des Communautés* ; l'autre, dans laquelle ils ſont aſſiſtés par des commiſſaires des Etats, s'appelle le *rapport des impoſitions*.

L'Aſſemblée des Etats eſt compoſée de trois ordres, ſavoir : de l'églife, de la nobleſſe & du tiers-état. L'ordre de l'Eglife eſt compoſé de trois Archevêques, ſavoir : de celui de Narbonne Préſident né des Etats (à ſon défaut la préſidence appartient au plus ancien Archevêque ou Evêque, & au défaut des Prélats, au Vicaire-Général du

plus ancien Evêque) ; de l'Archevêque de Toulouse premier opinant ; de l'Archevêque d'Alby &
de vingt Evêques, dont les rangs aux Etats font
réglés par l'ancienneté de leur facre , & qui ne
pouvant y aflifter , ont droit d'y envoyer leurs Vi-
caires généraux. L'ordre de la noblefle eft compofé
d'un Comte , d'un Vicomte & de 21 Barons. Le
Comte eft le comte d'Alais , qui a la première
place fixe , & opine le premier pour la noblefle. Le
Vicomte eft le vicomte de Polignac , qui a la feconde place fixe. La troifième place eft remplie
par celui des douze barons du Vivarais qui eft
en tour pour entrer aux Etats. La quatrième place
eft occupée par celui des huit barons du Gévaudan , qui fe trouve auffi en tour. Les dix-neuf autres Barons n'ont point de place fixe & roulent
entre eux. Lorfque les titulaires de ces Comtés ,
Vicomtés & Baronnies ne peuvent pas fe rendre
aux Etats , ils ont droit d'envoyer à leur place un
Gentilhomme porteur de leur procuration , lequel
eft obligé , avant que de prendre place , de faire
preuve de noblefle de quatre générations du côté
paternel , & d'une du côté maternel. Les preuves
des Barons font plus rigoureufes , & remontent
jufqu'en 1400.

Enfin , le tiers-état eft compofé de deux capi-
touls de Touloufe , des maires , lieutenans de
maire , confuls ou députés des villes , chefs des diocèfes & de quelques autres lieux , dont les uns
ont droit d'y envoyer tous les ans , & les autres
par tour , fuivant l'ordre & le rang qui eft diffé-
rent en chaque diocèfe , & qui dépend des règlemens particuliers ou des anciens ufages.

L'ordre des fuffrages eft tel dans les Etats, qu'a-
près la propofition faite par le préfident , un pré-
lat commence l'opinion. Enfuite un baron opine ;

après lui, deux députés du tiers-état, qui font appelés par le nom de leurs villes, & ainfi con-fécutivement, parce que le tiers-état feul a autant de voix que le clergé & la noblefle enfemble. Pour les villes, on commence par Touloufe, enfuite Montpellier, Carcaffonne, Nifmes, Narbonne, le Puy, Beziers, Uzés, Alby, Viviers, Mende, Caftres, Saint-Pons, Agde, Mirepoix, Lodève, Lavaur, Saint-Papoul, Limoux, Rieux & Alais.

Après que les capitales ont opiné, on appelle par les mêmes noms les villes diocéfaines qui chan-gent tous les ans; & celles qui font fixes par leur nom, à l'exception de *Valentine* qui eft appelée fous le nom de *Commenge* fa capitale.

Les évêques entrent dans l'affemblée avec le rochet & le camail; les barons avec l'épée. Ils font placés, les uns & les autres, dans les hauts fiéges; les évêques à la droite du préfident, les barons à fa gauche. Le tiers-état occupe les bas fiéges.

Outre ceux qui compofent les trois ordres dans les Etats, la province a encore fes officiers au nom-bre de fix, favoir: trois fyndics généraux pour chacune des trois anciennes fénéchauffées de Tou-loufe, Carcaffonne & Beaucaire; deux greffiers ou fecrétaires, & un tréforier de la bourfe.

Les affaires qui fe traitent aux Etats font les rè-glemens & diftributions des fommes qui doivent être impofées fur la province, l'examen de la clô-ture des comptes du tréforier de la bourfe, des comptes de l'étape, de l'équivalent (impofition qui en Languedoc remplace les droits d'aides,) & autres de pareille nature, qui font rendus aux Etats; toutes les affaires qui regardent la province en gé-néral, ou quelqu'un des ordres en particulier; tout ce qui eft relatif à la conftruction des grandes

routes , des canaux & autres travaux publics ; enfin , tout ce qui pourroit donner atteinte aux droits
& priviléges des Etats , dont le plus confidérable
eft celui qu'ils regardent comme un principe fon-
damental , favoir : qu'il ne puiffe rien être impofé
fans leur confentement, comme il ne peut rien être
impofé fans le confentement du Roi. Les membres
de la députation à la cour rendent compte aux Etats
de tout ce qu'ils ont fait pendant leur députation
pour les affaires de la province , & des réponfes
qu'ils ont eues du confeil fur les demandes inférées
dans le cahier des doléances préfenté au Roi.

Les impofitions qui font réfolues aux Etats font
départies fur les 23 diocèfes qui compofent la province , d'après un ancien tarif.

Ce département , ainfi fait fur tous les diocèfes
en général , eft porté aux Etats le jour de leur
clôture, pour y être autorifé , & afin qu'ils expé-
dient & fignent les commiffions ou mandemens ,
en vertu defquels chaque diocèfe doit faire , dans
fon affemblée particulière , les impofitions de la
portion qui les concerne , fur toutes les communautés qui le compofent.

L'affemblée particulière des diocèfes doit être
convoquée , fuivant les règlemens , un mois après
la tenue des Etats , pour faire fur toutes les communautés du diocèfe l'affiette de la portion des
impofitions, qui lui a été départie par les Etats.
C'eft pour cela que ces affemblées font appelées
affiettes. Elles font compofées d'un Evêque , d'un
Baron & des députés des villes & lieux principaux du diocèfe , avec le commiffaire principal
qui a commiffion du Gouverneur ou Commandant
en chef , pour autorifer l'affemblée au nom du Roi.
Toutes fe forment ainfi, à l'exception de celles
des trois pays de Vivarais , de Velai & de Gévaudan , qui ont leurs Etats particuliers.

Les Barons préfident en Vivaraïs ; l'Evêque n'y vient qu'à fon tour , comme baron. Il y en a douze; & en leur abfence, ils peuvent envoyer un fubrogé qui tient l'affemblée.

Le bailli du pays y affifte toujours; douze autres Barons ; treize confuls , & deux baillis. Ce pays a fon fyndic , qui eft perpétuel.

Le Baron de tour, ou fon fubrogé, figne le premier , & le Commiffaire principal le fecond, feul à la gauche : ce qui eft fingulier ; car par-tout ailleurs il figne le premier.

Les Etats du Velay font compofés de l'Evêque du Puy , qui préfide , du Commiffaire principal , du fénéchal , du vicomte de Polignac qui préfide à l'abfence de l'évêque , de huit députés , de quinze barons du pays , & de neuf confuls. Il y a un fyndic en ce pays , qui peut être continué plus d'une année fous une délibération.

Les états du Gévaudan font compofés de l'Evêque de Mende , ou de fon grand-vicaire , qui préfident toujours ; du Commiffaire principal ou bailli du pays ; des confuls de Mende & de Marnejols , commiffaires ordinaires ; de fept députés de l'églife : favoir, fix abbés & un chanoine de la cathédrale ; de huit Barons ; de dix-huit confuls des principaux lieux du diocèfe ; d'un fyndic qui change, quand l'affemblée le trouve à propos.

Le département qui eft fait fur les communautés, dans les affiettes, fe règle fur le tarif particulier de chaque diocèfe ; de même que celui qui eft fait aux Etats généraux fe règle fur le tarif général de la province. Toutes les impofitions qui font faites dans les Etats , dans les affiettes ou dans les villes & lieux de la province , regardent le Roi, ou font faites pour les affaires ou pour les dépenfes néceffaires des Etats, des diocèfes ou des communautés. La totalité des contributions de la province de Languedoc

Languedoc peut être eftimée annuellement à environ 38 millions.

Incapables d'adulation vis-à-vis d'une adminiftration dont la bienfaifance égale les vues fupérieures, nous ne pouvons mieux la caractérifer, qu'en lui appliquant ce que les Etats eux-mêmes ont dit au Roi dans le compte qu'ils rendoient à ce Prince de leurs opérations (1), avec cette fimplicité antique & cette noble affurance que la vérité feule a droit d'infpirer : » *Sire, tout ce qui fait la* » *richeffe d'une province & le bonheur des habitans, a* » *été l'objet de l'attention des Etats.*

Heureufe fous cette adminiftration paternelle, placée fous le plus beau ciel, fertile en productions de toute efpèce, renfermée entre deux grands fleuves & la mer, la province de Languedoc doit avoir un commerce floriffant : il le feroit encore davantage, fi fes progrès n'étoient contrariés par des caufes phyfiques & morales que nous ferons connoître dans la fuite, en indiquant les moyens d'y remédier. Les vins, les eaux-de-vie, les huiles, les favons, le miel, les fruits font un objet de commerce important pour le Languedoc : la laine de fes troupeaux concourt, avec celle d'Efpagne, à alimenter les nombreufes manufactures de draps, établies à Lodève, à Carcaffonne (les londrins feconds, feuls, font par an un objet de 15 millions, & nourriffent cinq cens mille ames) & dans d'autres villes. Ces draps & les ferges du Gévaudan (objet de 3 millions par an) compofent la majeure partie des exportations de la France au levant ; on

(1) Mémoire que l'affemblée de la province des Etats généraux de la province de Languedoc a délibéré le 31 décembre 1779, de préfenter au Roi, fur l'article vingtième des inftructions de Sa Majefté à MM. fes commiffaires auxdits Etats. *Montpellier, Martel,* 1780, *in-8°. pag.* 45.

Année 1787. *Tom. I.* C

en envoie auffi à la Chine en temps de paix , &
l'on vend ceux d'une qualité inférieure aux four-
niffeurs prépofés pour l'habillement des troupes.
Le Languedoc eft encore la province du royaume,
où la culture des mûriers eft la plus ancienne & la
plus étendue ; & la récolte des foies forme une
des reffources importantes du pays. Les fabriques
de bas & d'étoffes entretiennent une multitude
d'ouvriers , principalement à Ganges , à Alais , &
fur-tout à Nifmes. Il y a au Puy en Velay une ma-
nufacture de dentelles très-confidérable ; les pa-
peteries d'Annonay ont acquis une grande répu-
tation , & fabriquent beaucoup. Les tanneries
d'Alais , Montpellier , Pezenas , Aniane & Ganges , occupent une infinité de bras : le verdet (1),
le tartre , le tournefol , le kermés , les eaux fpi-
ritueufes de Montpellier , font encore des objets
de commerce , ainfi que plufieurs autres fortes de
marchandifes moins particulières à la province. Le
Languedoc contient, de plus, des eaux minérales,
dont les plus connues font celles de Bagnols & de
Balaruc : il s'y fait une récolte abondante de fal-
pêtre parfait à bafe d'alkali végétal. Enfin , les marais falans de Peccais , de Sigean & de Merdiac,
d'où l'on approvifionne de fel une partie de la
France ; font fitués dans le bas-Languedoc. Ils pro-
duifent par an au Roi environ deux millions &
demi.

On voit que la province de Languedoc eft , à
tous égards , une des plus importantes du royaume ; mais les divers avantages dont on a donné
l'énumération , font inégalement répartis ; & le
Vivarais , les Cevènes & le Gévaudan , comme la
plupart des pays de montagne , font étroitement

(1) Il s'en fabrique dix à douze mille quintaux par an.

circonfcrits dans leurs productions & dans leurs reffources. Le commerce d'exportation de la province
étant de beaucoup fupérieur au commerce d'importation , la balance eft entièrement à l'avantage
du Languedoc. Cette balance eft de plufieurs millions. Un commerce auffi étendu que celui du Languedoc exige beaucoup de foires : il y en a dans
toutes les grandes villes de la province. Les plus
confidérables font celles de Pezenas le jour de la
Pentecôte , le 15 feptembre & le 11 novembre;
celles de Montagnac le 15 janvier & à la mi-ca-
rême ; celle d'Alais le 24 août pour les foies ; enfin , le 22 juillet celle de Beaucaire , la plus fameufe & la plus importante du royaume , & où
l'on accourt des quatre parties du monde..

Le commerce intérieur s'exécute avec la plus
grande facilité , au moyen des routes fuperbes &
commodes que les Etats ne ceffent de faire ouvrir
dans tous les diocèfes de la province. En Languedoc, les chemins fe font, non par corvées, mais à
prix d'argent , & les propriétaires font indemnifés
des terreins qu'on leur enlève. Ces chemins font
diftribués en quatre claffes : les chemins de province ou de pofte , qui ont fix toifes entre les foffés : les chemins de fénéchauffée , qui conduifent
d'une ville épifcopale à la ligne de pofte , ont
cinq toifes : les chemins de diocèfe , qui conduifent d'une ville particulière à une ville épifcopale ,
ou à une grande ligne, ont quatre toifes : les chemins
de communautés , qui aboutiffent aux chemins de
diocèfe , ont trois toifes. Ces communications particulières font les plus importantes , & rendent
feules les grandes routes utiles. » C'eft par elles
» que le commerce perçant toutes les parties de la
» province , la vivifie , & établit entre fes habitans

C 2

» le feul niveau dont la providence a permis qu'ils
» fuffent fufceptibles. (1).

Le commerce extérieur fe fait encore avec plus
de facilité, au moyen des divers canaux creufés
dans la province. Le canal royal projeté fous
Charlemagne, François I & Henri IV, étoit ré-
fervé à la gloire du fiècle de Louis XIV. Deftiné
à ouvrir à travers la France une communication
plus directe & toujours libre entre la Méditerranée & l'Océan, ce fameux canal commence à
Cette, & fe termine un peu au-deffous de Touloufe, où il aboutit à la Garonne. Sa longueur eft
de 120,414 toifes, qui font un peu plus de 40
lieues de Languedoc. Sa largeur ordinaire eft de
12 toifes : il y a 6 pieds d'eau. Sur toute l'étendue
du canal, il y a 63 éclufes & 102 baffins, qu'on
a été obligé de conftruire, pour mettre les lignes
de pente dans un niveau parfait. Il y a environ
cent ponts pour la commodité des voyageurs par
terre, & pour l'utilité des propriétaires riverains.
Il y a encore plufieurs grands ponts-aqueducs,
élevés au-deffus des rivières, pour y faire paffer
le canal. En un mot, c'eft un fuperbe monument
en ce genre.

Outre le canal royal, il y en a plufieurs autres
qui communiquent aux villes voifines de la mer ;
tels que ceux de Grave, de Lunel, de la Radelle,
de Bourdigou, de Silveréal, de la Nouvelle, de
Narbonne, &c. &c. Depuis quelques années, on
a conftruit à Touloufe le magnifique canal de
Brienne.

Enfin, la navigation du canal de Saint-Gilles,
qui fert à communiquer Beaucaire & Aiguefmor-

(1) Mémoire des Etats de Languedoc au Roi, en 1779,
pag. 65.

tes, a été ouverte en 1786. Par le fecours de ces canaux, on peut naviguer, en tout temps & en sûreté, dans la province de Languedoc, & faire tranfporter tout ce qui entre dans le commerce, depuis le Rhône jufqu'à l'Océan, fans paffer par la Méditerranée.

Quoique le Languedoc ait plus de 25 lieues de côtes fur la Méditerranée, c'eft la province du royaume la moins fournie de ports. La côte y eft mal-aifée, & aucun gros vaiffeau n'en approche, fans fe mettre en péril d'échouer fur les fables que l'on y trouve par-tout. Ces fables, qui proviennent du Rhône, & qui ont formé tous les atterriffemens des côtes de Languedoc, font emportés jufques fous le golfe de Rofes en Efpagne par un courant de la mer qui règne du levant au couchant. Ce courant eft fi réel, que fes effets deviennent fenfibles quand on navigue de Marfeille à Cette, ou de Cette à Marfeille : dans le premier cas, il accélère la vîteffe des navires, autant qu'il la retarde dans le fecond ; mais ce qui eft plus concluant encore, ce courant, en entraînant les débris des vaiffeaux qui font naufrage vers les embouchures du Rhône, les jette toujours du côté du Languedoc, & jamais du côté de la Provence.

C'eft là ce qui fait que la Provence conferve fes ports, tandis que ceux du Languedoc font détruits. On a remarqué depuis long-temps (Pomponius Mela, *de fitu orbis*, lib. 2, cap. 5,) que la côte de Languedoc n'a point de ports, ou en a peu, *rari portus*, & la remarque n'eft malheureufement que trop vraie. La caufe phyfique & infurmontable qui s'y oppofe, font les atterriffemens continuels qui fe forment fur toute la côte : c'eft là ce qui a comblé depuis long-temps le port Sarrafin, par où fe faifoit le commerce maritime de Montpellier au

douzième fiècle ; c'eft là ce qui a comblé dans la fuite
le port d'Aiguefmortes, où St. Louis s'embarqua
pour la Terre-Sainte ; c'eft là ce qui a comblé le
port d'Agde , fait par les foins de Richelieu , fous
Louis XIII, vis-à-vis de Brefcou , à la faveur de
deux jetées ; port que les Etats font recreufer, avec
l'efpérance d'un meilleur fuccès : c'eft là ce qui a
comblé le vieux port de Cette, conftruit au pied de
la montagne , & connu fous le nom du *vieux
molle* : c'eft là , enfin , ce qui comblera le nouveau
port de Cette , fi jamais on fe relâche du foin de
le nétoyer & de le creufer continuellement : ce
que l'adminiftration ne fouffrira point , puifque ce
port, fitué au fond & au milieu du golfe de Lyon,
eft aujourd'hui le plus fûr, le principal de la province , & celui où fe fait le meilleur commerce
d'exportation & d'importation de denrées & de
marchandifes de toute efpèce.

Avant de paffer outre , nous ne pouvons nous
difpenfer de dire un mot des pêches , qui font un
objet confidérable pour la province. Les pêches
pour le Languedoc fe font dans la mer , dans les
étangs , à leurs graux ou embouchures , & dans les
rivières. La pêche dans la mer fe fait quelquefois
avec plufieurs centaines d'hommes, dans les barques,
tendant de longs filets qu'on appelle *bouillettes* , qui
entourent un grand efpace de mer , & qu'on tire
fur le rivage pour recueillir tout le poiffon qui s'y
eft pris. La pêche dans les étangs peut fe faire
comme dans les rivières ; mais on la fait plus communément, comme dans les graux & marais, par
des *bourdigues* , qui font une efpèce de labyrinthe
compofé de rofeaux, qui tiennent quelquefois un
long efpace, & où les poiffons vont fe prendre in-
fenfiblement , s'y promenant d'un réfervoir à l'autre , & fe rendant enfin dans celui du milieu , d'où

ils ne peuvent plus fortir : alors on les pêche comme on veut, à mefure qu'on en a befoin.

Quant aux efpèces de poiffons que l'on prend à la mer, ou dans les étangs, ou dans les rivières, elles font à peu près les mêmes que celles qu'on pêche dans les autres mers & rivières : il y a cependant cette obfervation à faire, que, dans la Méditerranée, on pêche communément des poif-fons qui ne paroiffent point dans l'Océan, ou du moins qui y font extrémement rares, tels que le *Thon*, l'*Efturgeon*, le *Rouget*, &c.; au contraire, cette mer produit peu de *Sardines*, & de quelques autres efpèces qui abondent fur les côtes de l'Océan.

Le tableau que nous traçons feroit incomplet, fi nous ne donnions pas une idée de l'organifation phyfique & morale des Languedociens. Dans le haut-Languedoc & dans les pays montagneux, tels que les Cevènes, le Gévaudan, le Vélai, & le Vivarais, les hommes font plus grands, plus robuftes & plus vigoureux que dans le bas-Languedoc; mais dans celui-ci le fexe eft plus beau & plus attrayant.

La langue, qui a pour fond l'ancien celtique, mêlé de beaucoup de latin, fuit les mêmes nuances que le climat. Dans le haut-Languedoc, elle a de fortes afpirations; dans les Cevènes, beaucoup de rudeffe : au contraire dans le bas-Languedoc, mais fur-tout à Nifmes & Montpellier, elle a une douceur & une *mignardife* (on nous pardonnera cette expreffion) qui la rapprochent beaucoup de l'italien. Aufonne difoit avec raifon de cette langue :
Æmula te latiæ decorat facundia linguæ.

Le génie & le naturel des habitans du Languedoc diffèrent autant que les terres en qualités. Mais nous prévenons que nous ne voulons parler ici que du peuple en général, & nullement des perfonnes qui ont reçu cette éducation foignée, qui donne un air de reffemblance aux hommes de tous les pays. Les habitans du haut-Languedoc font groffiers, peu laborieux, & peu induftrieux. Les habitans du bas-Languedoc font communément pleins d'efprit, d'activité & d'induftrie, très-propres au commerce, aux arts & aux manufactures, qui leur procurent avec avantage ce que le fol leur refufe.

Les uns & les autres font braves, fobres, ménagers, & ne donnent que très-rarement dans quelque dépenfe fuperflue : ils font polis & prévenans ; ils aiment les fciences & les arts, & y réuffiffent à merveilles : auffi, le Languedoc a produit, plus qu'aucun autre pays peut-être, des grands-hommes dans tous les genres ; & l'on doit vivement regreter que quelque patriote n'ait pas encore fongé à former une galerie des illuftres du Languedoc : fi jamais ce projet s'exécute, on verra figurer dans ce monument des cultivateurs actifs & intelligens, des négocians éclairés & judicieux, des militaires pleins de zèle & de talens, des magiftrats vigilans & d'une fageffe confommée ; enfin, des favans du premier ordre.

Le Languedoc a des univerfités & des académies célèbres, dont voici l'énumération. L'univerfité de Montpellier exiftoit déjà à la fin du douzième fiècle, & la médecine y étoit enfeignée fous le nom de phyfique, par les médecins Arabes & Sarrafins. Cette école, augmentée depuis, a toujours été la pépinière des plus habiles médecins du monde, qui font venus y puifer les élémens de cette fcience.

L'univerfité de Touloufe, la feconde & l'une des plus renommées du royaume, fur-tout pour le droit, fut créée en 1215 par Philippe Augufte. Elle a été le berceau d'un grand nombre d'habiles

jurifconfultes. A Touloufe on compte trois académies; celle des Jeux Floraux, dont l'origine remonte au commencement du quatorzième fiècle,
& qui fut due aux libéralités de Clémence Ifaure;
l'académie royale des Sciences & Belles-lettres,
érigée en 1746; l'académie royale des Arts, fon-
dée en 1726, & érigée en 1751.

La fociété royale des Sciences de Montpellier
fut établie en 1706. L'académie des Arts y a été
levée il y a peu d'années, par des citoyens refpectables, parmi lefquels on compte quelques-uns
des adminiftrateurs de la province. L'académie royale de Nifmes fut érigée en 1682. Celle de Beziers en 1766. Celle de Montauban en 1744.

Cette defcription du Languedoc ne peut mieux
être terminée que par la lifte des antiquités romaines
qui fe trouvent dans cette province, où elles atti-
rent en foule les curieux & les voyageurs.

Nous avons déjà parlé du pont du Gard. A Nifmes, on admire le temple de Diane, près la fontaine; la Maifon carrée, fuperbe édifice, autour
duquel règne une colonnade d'un goût exquis. C'eft
un des plus parfaits ouvrages & des plus entiers qui
nous reftent du fiècle d'Augufte. Il a été reftauré
depuis peu d'années aux frais des Etats, & par les
foins de l'illuftre Seguier, qui, par fes conjectures
ingénieufes en reftitua l'infcription.

Enfin, Nifmes renferme l'Amphithéâtre ou les
Arènes, qui va être nétoyé & débarraffé des ma-
fures qui en obftruent l'intérieur & l'enceinte : ce
nouveau bien fait fera dû à lamunificence & à l'amour
éclairé des Etats pour les arts, qu'ils ne ceffent de
favorifer, de protéger & d'encourager. C'eft d'une
pareille adminiftration, qu'on peut dire avec vérité
& fans flatterie :

Mens agitat molem & magno fe corpore mifcet.

Virgile.

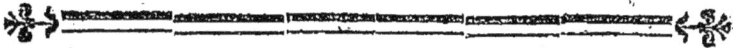

HISTOIRE NATURELLE.

EXTRAIT d'un mémoire intitulé : Recherches fur les fauterelles & fur les moyens de les détruire, *par M. Baron, Confeiller en la Cour des Comptes, Aides & Finances de Montpellier, des Académies de Dijon, Touloufe, Nifmes, &c. &c.*

L'Afie & l'Afrique font la patrie des fauterel-les, qui venant à éclore dans les déferts vaftes & brûlans de ces contrées, font portées en-fuite par les vents dans des régions lointaines, s'a-battent fur les campagnes, & dévorent en peu de jours les moiffons, les prairies & jufques aux feuilles des arbres. Ce fléau, fi commun dans l'orient, eft plus rare en Europe, foit parce que le climat eft plus tempéré, foit parce que la terre mieux cultivée & plus également peuplée, ne leur offre pas ces immenfes folitudes où elles multiplient à un point étonnant. Cependant nos provinces méri-dionales font affez fouvent expofées à leurs rava-ges ; il y a quelques cantons le long de la mer, où ces animaux fe montrent quelquefois, & où l'on a vu diverfes communautés, comme celles de Saint-Gilles, d'Aymargues & de Saint-Laurent, obligées de leur donner la chaffe. Les *recherches* de M. Baron font donc d'une utilité publique, & doi-vent trouver place dans ce recueil.

Le mémoire de M. Baron a deux objets : le premier, de décrire les fauterelles & les méta-morphofes qu'elles éprouvent : le fecond, d'en-feigner les moyens de les détruire. Nous allons le réduire au moins de termes poffibles, fans rien retrancher de ce que ce mémoire a d'intéreſſant.

Les ſauterelles pondent leurs œufs dans un terrain ſablonneux & léger, & elles ont l'inſtinct de ne pas les placer dans une terre cultivée par la main de l'homme. Les unes ont une appendice à la queue, dont elles ſe ſervent comme d'une tarière, pour percer le terrain : celles qui n'ont point d'appendices à la queue font entrer l'extrémité de leur ventre dans la terre, & parviennent au même but. Peu après avoir pondu, elles ceſſent de manger comme beaucoup d'autres inſectes, & elles meurent bientôt.

Les œufs enfoncés dans la terre y ſont réunis par tas & renfermés dans une eſpèce de gaine ſemblable à un cure-dent. Au printemps, il ſort de ces œufs des vers de la groſſeur d'une puce, d'abord blanchâtres, puis noirâtres, & enfin rouſſâtres. Ces vers ſe métamorphoſent en nymphes ; dans cet état, après avoir mis vingt-quatre ou vingt-cinq jours à leur accroiſſement, ils s'accrochent à des buiſſons, & après beaucoup d'efforts, ils ſortent de leur priſon ſous une forme nouvelle ; la coque reſte ſuſpendue à l'arbuſte, & l'animal tombe à terre épuiſé de fatigue. C'eſt la ſauterelle qui ſe remet de ſa laſſitude, commence à eſſayer ſes aîles, & ſe met enſuite à voler.

Trois circonſtances contribuent à ce que les œufs de la ſauterelle viennent à éclore : la chaleur, car elles avancent & retardent comme le printemps ; & ſi le ſoleil ne les vivifioit, les œufs n'éclorroient point : la ſéchereſſe, car les pluies détrempent l'humeur viſqueuſe qui entoure la poche où ils ſont renfermés, & les fait périr ; & l'on a obſervé que les ſauterelles ne ſont jamais plus abondantes que dans les années de ſéchereſſe : enfin, les terreins ſecs & ſablonneux qui abſorbent plus abondamment la chaleur du foleil. C'eft ainfi que les cantons du Languedoc & de la Provence où ces animaux font plus communs , font des cantons fablonneux : Silveréal, la commanderie de Ca-pète , le plan de la Peyne, la Vernède, le mas d'Olivier, &c. S'ils fe font multipliés dans des communes en prairies , c'eft d'abord parce que le terrain leur étoit favorable , & enfuite parce que ce terrain n'eft pas remué par la main de l'homme.

La connoiffance des divers états & des mœurs des fauterelles , indique les moyens qu'on doit em-ployer pour les détruire. Il faut leur déclarer la guerre dans leurs trois états d'œuf & de ver , de nymphe & de fauterelle.

Pour détruire les œufs, il faut , en feptembre & en octobre , labourer le terrain où l'on aura dé-couvert les traces de leur ponte, & les expofer aux rigueurs de l'hyver. Au printemps fuivant, il faut porter la pioche dans ce terrain & le retourner ; dans cet état les œufs & les vers fe découvriront , & l'on fe fera fuivre de pourceaux qui en font très-friands.

On doit auffi leur donner la chaffe dans leur état de chryfalides, où il eft plus facile de les atteindre. On s'y prend de diverfes manières : on allume des feux , & l'on bat les champs pour les y précipi-ter ; on entoure de foffés le terrain qu'elles ont en-vahi, & l'on creufe dans ces foffés , de diftance en diftance, des puits de la profondeur d'une toife , & des hommes fe mettent à battre dans cette en-ceinte avec des branches d'arbre ; ils conduifent les fauterelles vers ces puits où elles fe précipitent. Enfin l'on a des cerceaux que l'on emmanche d'une perche; autour du cerceau eft cloué un grand drap, au milieu duquel eft un trou & un fac adapté. On pofe ce drap à terre : des hommes battent les

champs & conduifent les fauterelles vers le drap ;
quand il en eft couvert, l'homme qui tient la perche
la lève, le drap cède, & les fauterelles gliffent
dans le fac. De cette manière on les ramaffe par
milliers. Il faut être très-foigneux de les brûler ,
ou de les faire périr de manière que leur puan-
teur, après leur mort, n'empoifonne pas l'air, &
n'occafionne pas la pefte, comme il y en a des
exemples.

M. Baron obferve avec raifon que cette chaffe ,
& toutes celles qu'on donne aux fauterelles, de-
mandent le concours des Communautés, & même
de l'autorité, quand les habitans de la campagne
fe laiffent aller à une négligence qui peut leur devenir infiniment funefte.

Enfin , quand les fauterelles, dans leur dernier
état, ravagent les campagnes, M. Baron ne fait
pas de meilleur moyen que de mettre leur tête à-
prix : c'eft le parti que prit , il y a deux ans, la
Communauté de St.-Gilles ; on donnoit un fou de
la livre des fauterelles, & par le relevé du compte
qu'on en fit, on en fit périr onze ou douze cent
quintaux.

Le mémoire de M. Baron dont nous n'avons
donné que le réfultat relatif à l'utilité publique ,
eft d'ailleurs accompagné des preuves & du genre
d'érudition que demandoit le fujet. Si cet objet
étoit pris en confidération, il refteroit à défirer que
la nymphe de la fauterelle , & la forme que cet
animal affecte dans fon état de chryfalide, fuffent
dépeintes à les faire reconnoître parfaitement ; car
il paroît que c'eft dans cet état que la chaffe qu'on
doit leur donner eft plus facile & plus avantageufe.

LÉGISLATION.

ARRET du Conseil d'Etat du Roi , du 28 août 1786, concernant la restauration des Arènes de Nismes.

Vu par le Roi, étant en son Conseil, la délibération des Etats de Languedoc, du 14 février dernier, par laquelle, pour opérer la restauration des Arènes de la ville de Nismes, l'un des plus beaux monumens qui restent de la grandeur des Romains, ils ont arrêté de supplier Sa Majesté de vouloir bien concourir à la dépense, offrant d'y contribuer eux-mêmes jusqu'à la concurrence de cent cinquante mille livres , & la ville de Nismes proposant de fournir pareille somme, suivant la délibération qu'elle en a prise le 24 du même mois ; Sa Majesté a jugé digne de l'accueil le plus favorable une entreprise qui doit rendre aux arts & à l'admiration publique, un édifice célèbre, échappé aux ravages des guerres & du temps, mais dont l'antique magnificence est en quelque sorte déshonorée par les viles constructions qu'on y a élevées dans des siècles de barbarie. Sa Majesté s'est portée d'autant plus volontiers à protéger & faciliter l'exécution de ce projet, qu'il en résultera pour la ville de Nismes, l'avantage d'être à l'avenir préservée des maladies meurtrière que l'insalubrité des masures qui obstruent aujourd'hui tant l'intérieur que le pourtour extérieur des Arènes, occasionne fréquemment dans cette ville aussi intéressante par son commerce que par sa population. A quoi voulant pourvoir : Oui le rapport du sieur de Calonne, Conseiller ordinaire au conseil royal, Contrôleur Général des finances; LE ROI ÉTANT EN SON CONSEIL, a approuvé & approuve la délibération des Etats de Languedoc, du 14 février dernier, & celle de la ville de Nismes, du 24 du même mois : En con-

féquence, ordonne qu'il fera procédé au rétabliffe-
ment des Arènes de la ville de Nifmes, & à la démolition des maifons conftruites, tant dans l'intérieur que dans le pourtour extérieur de cet édifice,
le tout fur les ordres du fieur Intendant & Commiffaire départi en ladite province, & fous la direction
du fieur Raymond, architecte de Sa Majefté ; à
l'effet de quoi permet aux Etats de ladite province,
d'emprunter, conformément à ladite délibération,
la fomme de *cent cinquante mille livres*, dont les intérêts feront prélevés fur les fonds de la caiffe des
prêts des diocèfes, & qui fera délivrée en trois
termes égaux : le premier, après l'adjudication des
ouvrages ; le deuxième, après la démolition des
maifons; & le troifième, après la confection def-
dits ouvrages : permet pareillement à la ville de
Nifmes d'employer à cette dépenfe la même fomme de *cent cinquante mille livres*, Sa Majefté l'au-
torifant à prendre ladite fomme fur le fonds des fubventions, ou à emprunter à défaut dudit fonds,
en affectant fur lefdites fubventions l'intérêt de l'em-
prunt qui pourra être ftipulé fans retenue, & à la
charge de pourvoir au remboursement : ordonne
en outre que fur les deniers qui doivent être verfés
au tréfor royal par le Tréforier des Etats de la
province, il fera payé par ledit Tréforier, & en
vertu des ordonnances que rendra ledit fieur Intendant, la fomme de *cent cinquante mille livres*, dont
Sa Majefté fait don, pour être employée au réta-
bliffement dudit édifice, & être délivrée dans les
mêmes termes & aux mêmes conditions fixées par
la délibération des Etats : ordonne Sa Majefté, que
le produit des matériaux provenant des maifons qui
feront démolies, fervira au payement de l'indem-
nité defdites maifons, dont l'eftimation fera faite par
l'architecte de la ville, & en cas de difficulté par

experts convenus ou nommés d'office par ledit fieur Intendant, auquel Sa Majefté attribue la connoif-fance des contestations qui pourroient s'élever à ce fujet, icelle interdifant à fes Cours & autres Juges ; & feront les ordonnances dudit fieur Intendant, exécutoires par provifion, fauf l'appel au Confeil. FAIT au Confeil d'Etat du Roi, Sa Majefté y étant, tenu à Verfailles le vingt-huit août mil fept cent qua-tre-vingt-fix. *Signé* LE BARON DE BRETEUIL.

EXPLICATION DES ÉCUSSONS.

L'écuffon du frontifpice renferme les armes de la PROVINCE DE LANGUEDOC, qui porte de gueules, à la croix vuidée, clechée, pommetée & allefée d'or, que l'on nomme auffi *Croix de Touloufe.*

L'Ecu fommé d'une couronne de Comte pour ornemens extérieurs, des trophées de guerre.

L'écuffon de la vignette contient les armes de LOUIS-ANTOINE DE GONTAUT, Duc de BIRON, né le 2 février 1701, Chevalier des ordres le 1 jan-vier 1744, Colonel des Gardes-Françaifes le 26 mai 1745, Maréchal de France le 24 février 1757, Gouverneur Général de LA PROVINCE de LAN-GUEDOC en juillet 1775.

Ecartelé d'or & de gueules

L'écu en bannière fommé d'une couronne Du-cale : deux bâtons d'azur femés de fleurs de lys d'or, paffées en fautoir dèrrière, pour la dignité de Ma-réchal de France.

SUPPORTS : deux griffons.

Le tout pofé fur le manteau Ducal, dont les replis font écartelés d'or & de gueules.

Lu & approuvé. ROUSTAN.

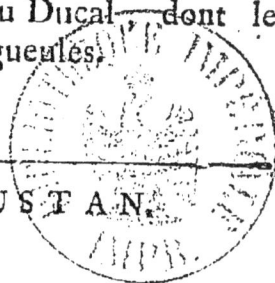

www.ingramcontent.com/pod-product-compliance
Lightning Source LLC
Chambersburg PA
CBHW052125090426
42741CB00009B/1952